美術教育学 私の研究技法

The Art of My Research in Art Education

美術教育学叢書………❸

美術教育学叢書企画編集委員会

直江俊雄：責任編集

Art Education Studies
Series No.3

3

学術研究出版

Japanese Association of Art Education
JAAEd

美術科
教育
学会

目次
Table of Contents

はじめに
私の研究技法のすすめ

直江俊雄

NAOE Toshio

　美術教育学叢書第1号『美術教育学の現在から』(2018年),第2号『美術教育学の歴史から』(2019年)では,美術教育学研究の全体像と歴史をとらえ,今後の研究発展の礎を示した。その成果を受けて,この第3号『美術教育学　私の研究技法』では,未来に向けて研究に取り組む人々への励ましとなる内容を目指している。

　この号のタイトルに「技法」の語を用いたのは,美術表現の研究からの発想である。過去の成果を乗り越え,新たな表現を模索する中で,個々の表現者の技法も常に構築,更新されていくという美術のもつ特性は,美術教育研究にも通底するという理念を表す。すなわち,それぞれの研究者が独自の手法を生み出す創造的な探究である。また,「私の」技法としたのは,各章の研究者としての人間的な側面を伝え,読者にもまた,自身の研究を育てていく夢を抱いてもらいたい,という願いを込めたからである。

　関連しそうな用語について類書を見ると,「研究方法」はある程度確立されて研究者の間で共通に使用される(多くの場合,その方法に共通の名前がついている)体系化された方法を指すこともある一方,「方法論」や「アプローチ」などと同様に,具体的な方法というよりも研究の枠組みや考え方を包括した概念として用いられることもある。「手法」はより具体的な手順を感じさせる言い換えである。「技法」については上述のとおり,本書では個々の研究者が既存の方法をもとに自らの研究過程で研ぎ澄ましていく創造的な技(art)であるとともに,芸術を基礎として研究を続ける私たちの理念を表す象徴として用いることを許してもらいたい。その意味を込めて,「私の研究技法」の英語訳はThe Art of My Researchとした。

　なお,これらの用語について,本書では各章間で厳密に定義を統一しているわけではない。それぞれの著者による意味付けの差異についても,楽しんでいただければと思う。

　本書は3つのセクションから構成されている。第I部「研究技法のすすめ: ミニ・リサーチハンドブック」は,美術教育研究を行う際のガイドブックとして参照されることを想定したものである。直江による「美術教育者と研究技法」では,研究の過程を芸術表現になぞらえて描くとともに,大学院生や初めて美術教育論文に取り組む方々のためのチェックリストを提案する。新関伸也による「美術科教育学会『研究倫理綱領』を読み解く　理解を深めるために」では,2018年に本学会が定めた同綱領を解説しつつ,今日求められる研究者のあり方を述べる。

第Ⅱ部「私たちの研究技法」は,10名の研究者がそれぞれの研究技法を語る。ここでは専門知識はエッセンスのみ伝え,むしろ著者の生き方も交えて語りかけ,「自分ならもっと,こんな挑戦をしたい」という構想が読者の側に湧き上がることを期待した。第Ⅲ部「海外の研究者に聞く」は,2組の研究者への直江によるインタビューで構成した。

次ページには,各章の概要を一文で要約した一覧をつける。特に第Ⅱ部と第Ⅲ部は,これを参考に関心のある内容から読んでいくのもよいと思う。もちろん,各章の深い内容は,この一言で到底まとめられるものではない。直接に著者の言葉に触れ,それぞれの芸術ともいうべき研究技法について,感じ取っていただければ幸いである。

本書の企画は,責任編集者の直江による構想と著者候補を美術教育学叢書企画編集委員会の宇田,大泉,佐藤,山木と検討しながら進めた。著者が提出した原稿に対し,叢書委員ならびに編集協力者が分担して校閲を行い,責任編集者がまとめて著者に意見や修正依頼を伝え,何度かやり取りを行って完成にたどり着いた。自身の研究過程を快く公開し,研究を始める方々への指針を示してくださった著者の皆様に,心より感謝申し上げたい。

編集協力者の新井哲夫,石﨑和宏,金子一夫,福本謹一の各氏には,限られた日程で的確な校閲助言をいただいた。吉田奈穂子氏には書式の統一など最終段階の原稿確認で助力をいただいた。叢書第1号ならびに第2号の表紙デザインを担当された西岡勉氏には,今号では表紙のほか本文のレイアウトデザインもお願いした。学術研究出版の湯川勝史郎常務取締役ならびに編集担当の瀬川幹人氏には,迅速で的確な対応により第3号を世に出すお手伝いをいただいた。本書の出版にご尽力いただいた全ての皆様に心より御礼申し上げる。

2022年11月
責任編集者　直江俊雄

著者	題名	一言概要
第I部　研究技法のすすめ: ミニ・リサーチハンドブック		
直江俊雄	美術教育者と研究技法	美術教育研究の過程を芸術表現になぞらえて描き出す。
新関伸也	美術科教育学会「研究倫理綱領」を読み解く　理解を深めるために	研究倫理綱領を解説し、美術教育研究者のあり方を示す。
第II部　私たちの研究技法		
縣　拓充	美術の学びに対する心理学的アプローチ	教育心理学に基づく創造性研究の例を示し、美術教育研究における実証的なアプローチの必要性を説く。
若山育代	幼児の描く姿に惹かれて	心理学的アプローチでエビデンス（科学的根拠）に基づく幼児の描画実践研究を切り開く。
池田吏志	美術教育と特別支援教育と私のあいだで生まれる研究	研究の個人史から、アクションリサーチ、統計調査などの課題克服とその魅力を語る。
渡邉美香	抽象表現・映像メディア表現と教育研究	アメリカの現代美術家アグネス・マーチンの研究を出発点に、作品制作から幅広く広がる教育研究への歩みを語る。
大島賢一	足下を掘る　地方美術教育史の面白さ	長野県の美術教育史、とりわけ石井鶴三の資料調査を具体的に紹介し、美術教育史研究本来の問題意識を問う。
竹内晋平	一次資料からのエビデンス作成による美術教育史研究　京都府の毛筆画教育に関する調査を事例として	画像編集アプリケーションによる画像照合法など、歴史的研究の新しいアプローチや専門的な注意点などを示す。
中村和世	海外美術教育史の研究手法と実際	バーンズ財団文書館における調査の実際に基づき、どのようにして先行研究の上に独自の研究成果を生み出すかを示す。
村田　透	子どもの造形表現行為の根源的な在りようを問う　「造形遊び」の質的研究を通して	エスノメソドロジーや相互行為分析などの現象学的アプローチによる質的研究の到達点と課題を語る。
笠原広一	ワークショップ研究からArts-based Research（ABR），そして A/r/tography へ	アート・ベースド・リサーチに巡り会い，進んできた歩みを実践とともに語る。
大泉義一	図画工作・美術科の授業研究　教師の発話に関する研究をめぐって	仮説生成型研究プロセスを通じた教師の発話研究を例に，定性・定量分析の複合援用を説く。
第III部　海外の研究者に聞く		
銭　初熹　徐　英杰	異文化における研究者としての歩み　中国と日本における美術教育研究	日本留学と帰国後の研究発展，中国における美術教育研究の展望などを語る。
リチャード・ヒックマン	ある美術教育者の自画像　日々の教育実践から世界を見つめて	英国の美術教育学の成立と研究者としての歩み，オートサイコグラフィや芸術表現との関わりなどを語る。

I

研究技法のすすめ：ミニ・リサーチハンドブック

美術教育者と研究技法

直江俊雄
NAOE Toshio

1………芸術表現と教育研究

(1)旅,対話,そして芸術と研究

　本章は美術教育研究のミニ・リサーチハンドブックを目指しているので,一般的な学術論文執筆の方法よりも少しアート寄りの発想でこれをとらえ,研究と論文執筆を,私たちにとって少しでも心楽しく創造的なものとして描き出したい。そこで試みに,芸術表現になぞらえて,教育研究という行為をイメージしてみよう。

　芸術家にとって作品制作とは,それまでの人生で遭遇してきた感覚や記憶や思考,そして過去の表現者たちの拓いてきた大地の上に歩む途上であり,自らの内に育ち変転していく思想やイメージと完成に近づいていく表現とが互いに影響を与え展開していく対話であり,またその発想に息吹を与え作家の表現を受け止める周りの世界や他者との対話でもある。

　私たちは,魅力的な美術や心躍る子どもたちとの関わりからいっとき離れ,黙々と学術論文の執筆に向かうという,分裂した自己犠牲の研究者像を抱いてはいないだろうか。芸術表現という旅の過程で出会う様々な出来事と,研究の途上で遭遇するそれとは,経験してみると似ている点も多い。加えて,美術教育の実践とも親和性があるように思える。そうした観点から,次に芸術表現の過程と教育研究の過程を並行させ,時に教育実践からの発想も交えながら述べてみたい。もちろん,研究活動と比較しうる創造的な過程は,芸術に限らず様々な領域に存在するが,私たちはこの芸術という心楽しい領域を基盤として考える恩恵を最大限に生かそうではないか。

(2)芸術家と研究者をめぐる四つの過程

　ここでは仮説として,芸術表現と教育研究に共通する過程を,四つの側面から考えてみよう。

　①生きることを見つめる　これは,私たちを表現や研究へと突き動かす核となる問いを抱くことだ。人生や仕事における体験,そこから生まれる発想や,深い問題意識などがそれに関わるだろう。

　②修練を積む　これは,社会に責任をもって発信していく信頼性の土台を形成することだ。知識や技術の修得,これまでの芸術表現や研究成果の調査と批判,そして自らの新しい成果

へ向けての計画構想など,努力と忍耐と時間を必要とする。

③未知との出会いを楽しむ　これこそは,芸術家と研究者に共通する活動の真髄である。試行錯誤,失敗の連続,方向転換,仲間や競争相手との触発など,先の見えない霧の中に,①で抱いた原点と,②で獲得した鎧を身に着けて飛び込み,見たことのない世界を求めて旅するのである。

④世に出してつながる　探究の結果を社会に送り出す時である。芸術でも研究でも,人に伝え社会に共有されるためには一定の作法があり,またその発表自体が従来の作法を革新することもある。厳しい批評を含めて何らかの反応が得られれば幸せだ。

　四つの過程は④の「世に出してつながる」で完結するのではなく,それへの応答が新たな表現や研究の糸口を生むこともあり,①の「生きることを見つめる」を深めることへつながることもあるだろう。このようにして芸術表現や教育研究の過程は循環し,芸術家・研究者の人生とともに進んでいく。

　次の節では,これら四つの過程について,もう少し具体的に見ていこう。

2………生きることを見つめる

(1)表現と研究へ突き動かすもの

　芸術家の表現活動において,人を表現へと突き動かす要因は様々であり,本人によってそれが語られる場合もあれば,そうでない場合も多い。ジョアン・ミロは偶然手に入ったダンボールの破れに刺激されてその上に描いた小さな線が出発点となり「芸術的衝動」を与えると述べ[1],ベン・シャーンは依頼された挿絵のために描いた火災にまつわる予備的スケッチを捨てきれず,そのイメージを「内面的な災害」という普遍的なテーマで新しい絵画作品に結実させた[2]。デザイナーの勝井三雄は雑誌『体育科教育』420冊の表紙デザインで,データを可視化した新しいイメージイラストレーションを創造したいという課題にチームとして没頭した[3]。現代美術家の蔡國強は無名の時代から日本の支援者とともに実験的な制作活動を行ってきたことが知られているが,「火薬の爆発を作品にする」などの壮大な発想はいつも芸術家の側からもたらされ,支援者を驚かせる[4]。画家でエッセイストの野見山暁治は,自らの画業については,まるで成り行きで続けてきただけのように語ることが多いが,「身内に宿っている自分にはどうしようもない強靱な者,そのくせ根こそぎ行動を奪ってしまう煽動者,かりにこれをミューズの神といっておこう。その神に司令されてキャンバスに向かう」[5]と述べた箇所は,稀代の名エッセイストでさえ名状しがたい衝動が自らの生存の底に横たわっていることを想像させる。

　私たちが美術の授業で指導する時,学習者が「これを表現したい」というような思いを見つけ出すよう支援することがある。表現者自身が追求したいイメージを最後まで抱くことができなければ,夢を実現する場であるはずの美術の学習が,単に成績評価のために見栄えのする作品をつくる空虚な作業へと化してしまうだろう。

私たちの研究においても,これが決定的に重要だということは,強調しすぎることはない。「なぜこうなのだろう。本当にそうなのだろうか」「なぜか惹きつけられる。ここに何か大事なものがあるはずだ」「どうしてもこの問題を解き明かしたい。私がやれば新しい答えが出せる」このように研究へと私たちを突き動かす使命感や発想の原点があるかどうかは,業績量産のための空虚な論文生産と本来の研究とを分ける内面的基準の一つといえるだろう。

(2)研究の原点を見つめる

　私が中学校教員を経て大学院で研究を始めた頃,文献に基づく歴史的・思想的な研究テーマは,私が取り組む方向性ではないと感じていた。なぜなら,その時の私にとって「美術教育」とは,日々雑然とした中で子どもたちと模索し続けた,あの教室での試行錯誤の現実以外にはなく,文書の中にそれがあるとはどうしても思えなかったからである(その後の研究者人生の中でこの点は変わった)。かといって,題材開発等をテーマにするのは,大学院生という立場を十分に生かしていないようにも感じられた。実践の場から一時離れた自分は,教室で日々奮闘する教師ができないことに取り組むべきだ。

　私の問題意識を強くとらえて離さなかったのは,教師が専門職としての裁量のもとで,担当授業の題材配列をどのようにして決定していくかということである。新任教員としての私は,自らの求める教育活動のイメージ,同僚たちからの助言,現場で接する子どもたちの反応,そしてまだ教育実践力の乏しい自分の持つ力を生かして実行可能な内容など,多くの要素を考えながら,自分の作品もしくはプロジェクトをつくるように題材配列とその内容を組み上げ,そして子どもたちの様子を見ながら軌道修正を繰り返した。一年経って振り返ったその足跡自体が,子どもたちとつくった一つの未完成な作品のようでもある。

　他の教師たちは,どのように取り組んでいるのであろうか。もし多くの教師による美術カリキュラムの編成と実施の動向を体系的に集めることができれば,これまで着目されなかった大多数の美術教師たちの「集団知」を浮かび上がらせることができるかもしれない。教室において選び取られた現実の集積を,今この時の美術教育を日本中で動かしている大きな動きとしてとらえる[6]。それを実現する未知の技法を生み出すには困難が予想されるが,私が取り組まなければ,おそらくこの発想は永遠に海の底に沈んだままだろう。これが,私が美術教育研究へと進むことになった最初の発想である。その研究技法開発は予想通り困難で,今でも十分確立されたとは言えないが,この思い自体は未知の課題に取り組む原動力であり続けた。

　本書第Ⅱ部・第Ⅲ部の各章から読み取れる,それぞれの著者の研究の原点はなんだろうか。そして,あなたを研究へと突き動かすものは何だろうか。

(1)先行する知識とつながる

①芸術創造の源としてのレガシー

　研究者にとって必要な修練の一つとして,関連研究に精通し,論文執筆の際には先行研究への批評を述べることが求められる。これを,私たちに馴染みの深い,芸術表現,美術学習,そして学術研究の三つの場面を比較しながら説明してみよう。

　芸術家にとって,自分の表現を確立するために,他者の表現から貪欲に吸収したり,また厳しく批判したりすることは当然であり,それをあえて鑑賞と呼ぶ必要もない。歴史に残ろうとする芸術家は無意識にでも人類全体の残した遺産を背負い,それに対して独自の矢を放つために戦っている。過去の美術との関わりについて自ら説明する芸術家もいるが,仮に「私は完全に自由でオリジナルであり,誰からも全く影響を受けていない」と主張したとしても,批評家がその芸術家の仕事を評価する際には,その文化的・歴史的・社会的文脈を無視して位置づけることはありえない。なにより「芸術」という文化領域が存在すること自体が,先行する芸術家たちの仕事の集積の上に立つことなのだ。

②鑑賞と表現の学習から

　教育の場面では,美術作品の学習に基づく表現活動が思い浮かぶ。私が中学の美術教師として教えた頃,事務用のコピー機と学校の印刷機を使って様々な作家の作品例を配り,お気に入りを選んで表現の参考にするよう子どもたちを励ましたものだ。一方で,授業研究会などで「子どもが真似してしまうので,芸術家の作例は見せないようにしている」という主張を聞くと,自分の信念が揺らぐように感じた。創造的な仕事をなした芸術家が,過去の先達から影響を受けなかったはずはない,という当然のことを指摘しようとしても,「大人の基準を子どもに押し付けるな」という「子ども創造性神話」[7]の前に,私の指導観は子どもの個性を押しつぶす,恥ずべき作品主義なのだろうかと自問したものだ。

　今なら次のように言えるだろう。子どもに芸術作品を見せないのは,彼らを信頼していないからだ。どの作品をとりあげるかという点は学習者の状況やその授業の目標などから考慮すべきだが,子どもたちが優れた芸術作品に触れる権利を教師は奪うべきではない。もし子どもが安易な模倣表現をしたとしたら,それは子どもではなく,教師の指導が拙かったのだ。

　このような認識に至る過程には,その後に留学や調査で訪れた英国の学校での経験も影響している。「論理に基づく創造性」と私が名付けた[8],英国の中等教育で一般に見られる学習では,子どもたちは複数の作家に関する調査を行い,そこから採用したり独自に工夫を加えたりした考え方や様式や技法などを試し,制作の過程で自分が何を考え,他者からどのように批評され,どのように作品を変えていったかの記録を作品とともに提出する。自分の作品が安易な模倣でなく創造的であることを,自ら根拠を挙げて証明するのである。このような指導が唯一正しいとも,日本でも同じよう

にすべきだとも考えてはいないのだが,物事の違う側面を見ることは興味深い。

③独自性の論証へ向けて

　上記の過程は,研究論文執筆にも通じると常々思ってきた。すなわち,論文において先行研究に言及するのは,自分の研究が独りよがりの思いつきでなく,専門的な観点から独自のものであることを,客観的に根拠をもって示すためだ。そしてその分野の関連研究を適切に理解しており,専門家としての資格があることを公に示すためにも役に立つ。

　研究テーマによって,既存の関連研究が多いかどうかは異なるが,原理としてはこのように考えてはどうだろうか。私たちにとって,第一義的には,美術教育に関する論文全てが先行研究であり,創造の源としてのレガシーである。もし仮に,これまで世界の誰も提唱したことがなく近接した研究が全く見つからない場合は,理想的には,過去の美術教育研究全体を概括して,これまで美術教育の世界ではこのように様々な研究が行われてきたが,私の研究はそれらの過去の取り組みと比べて,このような点で全く違うのであると論証する。

　実際には,美術教育研究の中でも,たとえば対象学習者,研究の方法,美術の中の領域などによって更にカテゴリーが分かれるので,範囲はもっと絞られてくるだろう。現実的に可能な範囲で言えば,例えば学会誌の最近のものから少なくとも過去10年分くらいはすべて見ていくとともに,年代を限定せずデータベース検索でキーワードを組み替えながら未知の論文を探すくらいは必須である。美術教育以外の研究領域に広げた調査が有効な場合もあるだろう。

(2)専門技術の修得と応用

①表現技法と研究技法

　ある芸術家は自分の扱う素材や技法を限定して長年一筋に修練し,地位を築いた領域で熟練の巨匠と呼ばれるようになる。別の芸術家はその時々の表現意図に応じて様々なメディアを試し,また人の助けを借りて新しい素材や技法へと手を広げ,表現を変転させていく。ある芸術家たちは集団として役割を分担し,異なる専門能力を合わせて技術的・社会的に新しい試みを打ち出していく。新しい表現技法の追究そのものが表現の目的となる場合もある。

　美術教育の実践では,学習者の表現意図を明確にして,そのための各自の表現技法を試したり改善したりするように奨励する場合が多い。実際の授業では教師が教えたいくつかの例を試す中で学習者の発想が広がる場面も多いだろうから,表現意図と表現技法の関係は相互影響的である。先に述べた英国の美術学習では,学習者が芸術家の表現技法を調べて種々試した後に,自分の表現で採用する方法を決定するという段階を踏むことが多い。

　研究者が用いる方法についても,多様なアプローチがありうる。ある研究者は確立された研究方法を精緻に磨き上げていくことで,新しい知見を得ることを目指す。別の研究者は目的や発想を重視し,そのためには様々な方法を組み合わせたり試したりして,一つの方法にこだわることがない。また別の場合には,異なる専門の技術を持った研究者が集団として役割分担することによって

新しい視点をもたらそうとする。さらには、新しい研究方法の開発そのものが研究目的となる場合もある。

②教育研究方法の類書から

「はじめに」で述べたように、本章では「ある程度確立されて研究者の間で共通に使用される（多くの場合、その方法に共通の名前がついている）体系化された方法」を研究方法と呼ぶことにしている。美術教育という研究領域は、美術と教育という固有の研究対象によって規定されるが、固有の研究方法として限定するものはなく、多くの場合、複合的である。

教育学で用いられるアプローチが頻繁に参照されるほか、心理学、社会学等で用いられる方法と重なることが想定される。その上で、他の教科教育学とは異なる特性として、芸術学（美学、美術史、デザイン学、メディア論等を含む）ならびに芸術の制作（視覚芸術、あるいは美術・工芸・デザイン・映像メディア等における表現過程の研究）とも関連する可能性をもっている。

ここでは現時点で参照が可能な関連分野の研究方法に関する類書を概観してみよう。

日本教育方法学会編『教育方法学研究ハンドブック』では、量的研究、質的研究、混合的研究という三つの研究方法の下位に14の研究方法を位置づけている。すなわち「量的研究」としてデータ分析と実験研究を、「質的研究」として歴史的アプローチ、解釈学的アプローチ、現象学的アプローチ、批判的アプローチ、比較的アプローチ、開発的アプローチ、規範的アプローチを、「混合的研究」としてフィールドワーク、アクション・リサーチ、ライフヒストリー、エスノグラフィ、ナラティブ・アプローチを挙げる[9]。また同書では研究方法ではないが授業実践を「創造的な技法」（art）として捉える立場を「技術」（technique）や「技能」（skill）としてとらえる立場と対置して述べている点も興味深い[10]。

日本教科教育学会編『教科教育研究ハンドブック―今日から役立つ研究手引き』では、「教科教育学に独自の研究方法は存在しない」とした上で、研究方法の三つの類型として「量的研究」「質的研究」「新たな研究」が挙げられている。「新たな研究」とは、量的研究と質的研究を組み合わせる場合だけではなく、研究デザインの開発や他の学問領域との交流によるハイブリッド・サイエンスなどが含まれるという[11]。

ルイス・コーエン他『教育研究の方法　第8版』では、量的・質的研究の双方から複数の研究方法を組み合わせて現象の包括的・多面的理解の促進を目指す「混合研究法」（mixed methods research）の立場が強調された上で[12]、教育研究の方法論として「質的、自然主義的、エスノグラフィ的研究」「歴史的、文献研究」「調査研究、縦断的、横断的、動向研究」「インターネット調査」「事例研究」「実験」「メタ分析、体系的レビュー、リサーチ・シンセシス」「アクション・リサーチ」「仮想世界、ソーシャル・ネットワーク・ソフトウェア、ネットグラフィー」が位置づけられている。そして同書ではデータ収集の「方法」としてアンケートや聞き取り、観察などを解説する構成となっている。

リチャード・ヒックマン編『美術・デザイン教育研究:課題と事例』では、主に英国における美術

教育研究を概観して15の研究例を収録するとともに、「複合的アプローチ」「解釈的アプローチ」「現象学的アプローチ」ならびに芸術の表現活動自体を研究の方法ととらえる動向について論じている[13]。

　上記では類書から教育研究方法の例について主に名称を列挙しただけであるが、量的・質的といった伝統的な方法の区分から、より包括的で柔軟なアプローチが重要性を増している動向も見ることができる。実際に自身の研究に応用する際には、専門書や先行研究例から学んだり、専門家の指導や協力を得て訓練したりするなどに加え、取り組む研究計画に合わせた独自の工夫などを試していくことになるだろう。

　本書の第Ⅱ部・第Ⅲ部では、それぞれの著者の述べる研究技法確立への模索についても注目していただきたい。

4⋯⋯⋯未知との出会いを楽しむ

(1) 芸術表現における予測不可能性

　芸術表現は、作家の頭の中に浮かんだイメージをそのまま画面に移すことではなく、制作の過程そのものがイメージを変転させ成熟させていく決定的な場であることを述べたのは、エティエンヌ・ジルソン（Étienne Gilson）である[14]。

> 真の芸術家は、制作する作品について注意深く思いをめぐらし、そうすることによって偶然から免れることのできるものは何者も偶然には委ねない。しかしながら、たとえすべてが準備され、計算された時さえ、画家は自分の作品がどのようなものになるかはなお正確には知らないのである（É. ジルソン『絵画と現実』）。

　制作過程における芸術家の意志や計画と予測不可能性とのせめぎあいは、例えばロバート・マザウェル（Robert Motherwell）による幅9メートルに及ぶ絵画作品《和解の哀歌》の制作過程にも見ることができる[15]。1000点以上に及ぶ予備的スケッチで構想を深め、下絵を決定して大画面に拡大転写したあと、画家が筆を持って、白鯨の如く変転して襲いかかる作品と格闘する。その過程で、材料や画面自体が物質的に予想外の反応を引き起こし、画家の構想そのものの修正を誘発するが、それによって画家は制作を始める前には気づかなかった表現テーマそのものの意義をより深く考察する。自ら計画した下絵が未知との出会いをもたらし、それに対し応戦を試みる中で新たな認識を得たのである。

　これは、研究者による研究計画とその遂行過程との関係を考える示唆にもなりうると思う。

(2) 教育研究における予測不可能性

　研究とは、その専門分野において過去にだれも到達しなかった知見を、確かな根拠をもとに明らかにすることである。研究者はそれぞれの仮説や研究の行く先を見通そうと全力を傾け、本章で提唱する第2の修練の過程で得た知識と方法をもとに、実験、教育実践、資料収集等の計画を立案

し自身の制御のもとに遂行しようとするが，たとえ全てが綿密に準備されても，仮説をそのとおりに証明できるとは限らない。むしろ，研究対象が見せる実際の現象と対話し，仮説を修正しながらも未知の領野にたどり着こうとする中に，新たな発想と進路が見いだされる場合もある。

私の研究歴を振り返ってみても，予想外の現象や結果との遭遇と，それによる認識の更新が道を開いてきた面もあるように思う。下記に，そのいくつかの例を書き出してみよう。

①美術カリキュラム編成の創造性仮説崩壊

私が大学院生時代に始めた研究では，中学校における美術カリキュラム編成の実態を一定規模で調査した結果，題材開発によってカリキュラム全体を独自の芸術作品のように形成しているような例は少数であり，実際には教科書に掲載された題材を大きく逸脱しない場合が多数を占めていることが判明した。「独自のカリキュラムを開発する創造的な美術教師たち」という仮説が立証されない危機が生じたわけである。これに対して思考を重ね，教科書などに代表される安定した共通基盤としてのカリキュラム例を逸脱する傾向はどこに見いだされるかを探っていくことによって道を開こうとした。その結果を基に，秩序からの解放とコミュニティ形成という芸術活動の持つ二つの特性を現場の必要に応じて教師が選び取っていることが，実態調査に現れた題材選択の傾向に読み取れるのではないか，という解釈提示へとつながっていく[16]。そしてそれは，芸術の過程が人間活動のあらゆる側面に重なっていくという芸術による教育の原理[17]を教師たちが無意識にでも行為として選択しているのかどうか，という次の段階の解釈形成への提起にもなりうるものだと考えた。

②英国美術カリキュラムの多様性幻想の揺らぎ

大学院生時代の後半に留学した英国では，日本でのカリキュラム研究を応用して，英国教育史上初めて導入されたばかりの学校教育内容の全国基準（イングランド版「ナショナル・カリキュラム」美術編，1992年）[18]と，それまで共通の基準がなく「多様」であったと仮定された各学校における美術カリキュラムとの葛藤を観察できると想定していた。ところが現地の学校訪問等で調査した美術科の印象は，これまで共通のカリキュラムも教科書もなかったはずなのに，「予想外に共通性がある」ということであった。そこから，本当にそうなのか，どの程度そうなのか，なぜそうなのか，それはどういう意味があるのか，という課題に向けての調査が始まる[19]。

③思わぬ歴史研究への道

さらに留学先の研究室では，日本でもその著書が『愛の美術教師』[20]として翻訳されていた美術教育者マリオン・リチャードソン（Marion Richardson, 1892-1946）の遺した膨大な指導記録がアーカイブとなっているので，ぜひ研究してみるように勧められた。「教師が愛情をもって子どもの指導にあたった」ことは尊いが研究対象となるとは考えにくかったし，何より，過去の歴史的文書の中で研究するというのは，今学校で起きていることを対象にしたいという，自分が研究を始めた動機から大きく外れると思ったので，留学期間の終わり頃になるまでその勧めは適当に受け流していた。

ナショナル・カリキュラム研究が一段落して帰国の準備を始める頃，一度は文書の海に溺れてみようとアーカイブの資料を探索したところ，それまでの出版により知られていたこの教育者の像とは相

当に異なる業績が,授業の指導計画,子どもの作品,講演原稿,書簡などの明確な根拠から浮かび上がってくることを予感した。また,英国の研究者によってもその具体的な根拠に基づく研究がなされていない点が多くあることが見えてきた。指導計画はカリキュラム研究とつながりがあるし,1500点に上る子どもの作品の体系的な分析は誰も行っておらず興味が惹かれる。また,折々の講演原稿や書簡などを通して,この教育者の思想の変遷と他の研究者との関わりが明らかにできるかもしれない。このようにして思わぬところから始めた研究は,次第に,子ども創造性神話の問い直しや,20世紀美術はいつまで美術教育の基盤であり続けられるか,など,私が学生時代や新任教師時代から抱いていた,美術と美術教育そのものへの大きな問いへとつながっていくことを見出すのである[21)]。

④鑑賞活動の心理測定における想定外

　大学ギャラリーに子どもたちを招いて実施する集団での美術鑑賞活動における心理的快適度の測定を行ったことがある。スポーツ心理学の研究者と連携して行ったこの研究では,参加者の緊張を和らげて鑑賞活動への導入を支援するために行ってきたアイスブレイク的な活動(美術学生のアトリエを一緒に会話しながら見て歩くなど)の心理的効果を確かめる目的があったのだが,全く予想もしなかった結果が出た。アイスブレイク活動は参加者の心理的快適度にほとんど影響しておらず,むしろ鑑賞活動そのものが心の活性度と安定度の上昇に効果があったことが示されてしまったのである[22)]。

　さて,本書の第Ⅱ部・第Ⅲ部では,各著者に,これまでの研究で遭遇した障壁や失敗などから得られたことについても触れるように依頼してあるので,ぜひそれぞれの研究者の軌跡から読み取っていただきたい。未知との出会いこそ,私たちに馴染みの深い芸術創造と一致する過程であり,研究を飛躍させてくれる好機であるととらえ,挑戦し続ける姿勢を学びたいと思う。

(3)自らの中に批評者を

　ベン・シャーンは,絵画の制作過程はイメージを作る側の「自分のもつアイデアに熱中している芸術家」と,それに対して高い要求水準と,あらゆる批判や他の可能性への示唆を繰り出して「妨害し,叱責し続ける」内なる「批評家」の二人の自己の間の対話であると述べた[23)]。より衝動的で無反省に制作する芸術家もいるであろうから,この例が普遍的とは限らないが,探究の過程としての芸術制作のもつ条件への萌芽を感じさせる指摘であると思う。

　美術教育研究や論文執筆の過程においても,こうした自己内の批評者の存在を意識しながら進めることは,芸術表現の場合以上に有益ではないだろうか。それらの批判に耐えうる論証を構築しようとして,根拠の検証や補強,再度の調査,自説の修正,より厳密な議論の展開などへと深めることは,自らの研究の精度と水準を高める上で重要と思われる。

　大学院生や研究を始めたばかりの人には,指導教員との対話や,研究発表の質疑応答で批判してくれる意見の大切さを説き聞かせることがある。本来はまず自己内討論の習慣を育てるべき

であるが,そうした態度にまだ慣れていない学生には,他者との議論が一つの訓練となりうる。もちろん,批判を受け入れてそのとおりにするだけでは,自立した研究者としては不十分だ。立場やプライドを一旦置いて,自説やそれへの疑問,他の可能性などを並べて客観的に眺め,どう考えることがより適切な解を導くのか,柔軟な思考で対処することができれば(自戒を含めて述べるが)望ましい。

　関連して,研究においては様々な権威から独立した態度を志向すべきであるという点にも,言及しておきたい。先行研究への批評において,例えば通説となった過去の研究などに対して疑問を提示することも,権威としての知識から独立した思考を目指すわけであり,その意味ではあらゆる研究が本来,既存の権威への疑問と挑戦の上に構築されていくものである。学生から見れば,著書や論文として出版されたものはすべて確立された権威として映るだろうから,それらの言説を錦の御旗のように結論や考察で引用して自説の補強とする場合がある。彼らが書いた学位論文への批評や指導として頻出するのは,「これらの権威を無批判に正しいと受け止めてしまっているのではないか?」である。

　権威はそうした過去の専門知識だけではない。国家や行政などの権力や制度,有力な国際機関などの報告や勧告,マスコミやインターネット上での名声や流行など,初学者(あるいは自戒を込めて言えば経験者も)が無批判に受け入れてしまいがちな力をもった言説に私たちは囲まれている。もちろん,それらの多くは専門的な知識に基づいて責任をもって発信されたものであり,闇雲に全否定することを推奨しているのではない。それらの内容がどのように形成され,この研究の観点からどの程度妥当性があると考えられ,またどのような意味をもちうるか,さらには別の見解は成立しないかなどを,できる限り独立した立場で吟味して位置づけることが理想である。

5………世に出してつながる

(1)世に出すための手続き

　芸術表現でも学術研究でも,その成果を世に出すまでと,世に出したあとの両方で,社会的手続きや他者との交流が生じる。マザウェルの《和解の哀歌》はワシントン・ナショナル・ギャラリーからの委託制作であったため,構想段階から担当学芸員との協同のもとに制作が進んだ。美術館から委託を受けるような芸術家でなければ,コンテストに応募したり,自主企画の展覧会を開いたり,批評家,画商などに認知してもらうために慣習的な手続きに則って売り込んだりする過程があるかも知れない。既存の発表方法・評価基準に反抗して,世に出す方法そのものを革新するような芸術運動もありうるだろう。蔡國強のように,中国から来た無名の芸術家が,偶然出会ったような日本の支援者との関わりの中で世に出ていく足がかりをつかんでいく過程は興味深いが[24],おそらく芸術家ごとに固有の出会いと道筋が描かれていくのだろう。

　学術研究の場合,著書の出版における編集者とのやり取りなどは芸術の委託制作や展覧会企画に近いかも知れないが,研究成果はまず論文の形で世に出ることが多いだろう。論文投稿の

手続きは芸術作品のコンテスト応募とは似ているようだが，査読の段階ですでに他の研究者との批判的交流が始まっている点に特徴がある。すなわち，査読者の批判的意見に対する著者からの応答や修正の過程が，研究を世に出す水準に高めるための重要な過程なのである。投稿者は，匿名の査読者から返ってくる率直な疑問や指摘について，自らの研究をより信頼性のあるものに鍛える専門的コーチングであるととらえて，有効に活用することを考えるとよいだろう。

　とはいえ，投稿前に，できるかぎり査読に耐えうる水準に自らの研究を引き上げることが，その後の査読者とのやりとりを価値ある対話にしていく上で有効であることは言うまでもない。次項では，主に論文査読者として，また大学院での研究指導者としての経験から，例えば初めて投稿論文を世に出す人を想定し，助言をまとめたチェックリスト試案を公開する。査読の最中によく遭遇する課題や，日頃学生たちに強調する助言などをもとに，思いつくまま，行頭にチェックボックスをつけた項目と，それに関する短い解説で構成した。これによって，優れた研究となる萌芽を内包しながらも，その親元（論文著者）がいまだそれを洗練させ世に出す手続きに慣れないために生じている，研究の「生れ出づる悩み」[25]を少しでも軽減する参考になれば幸いである。

(2) 投稿論文を世に出すためのチェックリスト試案
☐ 明確かつ具体的に研究目的を提示したか。

　論文の序にあたる部分では，この研究で目指すことをできるだけ明確に，かつ具体的に宣言しよう。これはまず自分自身が首尾一貫した論述を行う上で立ち返るべき拠り所として有用だ。一方，査読をしていて，目的が不明瞭な論文を読み進めることほど不満の蓄積することはない。苦労して読み終わっても，結局目的がわからなければその研究の価値を判断できないかも知れないのだ。目的の明瞭さと重要さに理解を得られれば，研究成果を他者が評価することに一歩近づける。

　なお，「生きることを見つめる」の箇所で個人的な動機は研究の原動力となることを述べたが，研究の目的と一致するとは限らないので，もし論文に書くときは注意するとよいと思う。論文の目的は，第一に学術的背景の上に立ってここでは何を問い，何を明らかにするか，ということに焦点を当てて述べるべきだ。

　さらに実践的に言えば，論文を執筆し結論をまとめるまでの過程で，冒頭の研究目的を見直してより明確にし，論文全体の一貫性を高めることはよくあるので，完成時までに研究目的の細部は修正されうるものだと柔軟に考えてよいだろう。

☐ 論文の途中で研究目的が曖昧になったりしていないか。

　残念ながらこうした論文を時々目にする。本論部分で多数のデータを扱ったり複雑な考察をしたりしたところで力尽き，論文全体として何を明らかにするのかという一貫した視点に収束させるまで至らないのだろうか。大切な内容を扱っている部分もあるのに，それが生かされない。

□専門用語の定義に留意し,一貫した使い方をしているか。

　これがしっかりしていないと,読者が適切に内容を把握することができず,論述の妥当性を判断することが困難になる。ただし,必ずしもすべての用語の定義を示せというわけではない。また,論述の過程で別の語に言い換えたり,正当な理由があって文脈の中で用語の意味が変わったりすることはありうる。

□研究の背景として,学術的な動向や先行研究の適切な把握を示したか。

　研究者としての基礎的な知識や情報収集と分析の能力があることを査読者に判断してもらうとともに,この研究の学術上の位置づけや独自性を明確にする上で極めて重要。美術教育および関連分野における研究の動向を踏まえて,自らの視点で選び出した先行研究への評価と批判を入れよう。

□これまでの研究にない独自性がどこにあるかを明確に示したか。

　研究背景となるこれまでの美術教育研究の土台の上に本研究を位置づけ,本論文がどの観点から新しい課題に挑戦しているのかを示そう。先行研究を示した後に,それらとの比較で述べるとわかりやすいのではないか。

□研究目的に適した研究方法を用いることを示したか。

　序論部分で,この研究で用いる方法と,その方法でなぜこの研究の目的に答えることができるのかを明確に述べよう。そして本当にそうなのか,自ら反論して吟味しよう。一般的に,一つの方法で事象のすべての側面を明らかにできることはまれである。採用する方法の有効性を述べるだけではなく,その限界も認識した上で真摯に取り組んでいることを示そう。「確立された研究方法だからその結果は正しい」と短絡的に判断するよりも,どのような方法も完全ではないという批判的立場は堅持した上でその克服を目指す方が,学術的な立場として望ましいだろう。

□研究の過程で協力者の人権を尊重し,同意を得て実施していることを示したか。

　研究倫理については,次章「美術科教育学会『研究倫理綱領』を読み解く」を参照。

□研究者として専門知識に基づく独立した観点に立って研究を遂行し,実際の研究結果に基づいて判断を述べたか。

　政府,国際機関,著名な人物などの権威が示す方針を盲目的に研究の前提としていないか。研究者としての思考の深さや慎重さ,責任感,独立心,柔軟さなどに関わる部分かもしれない。

□紹介の域を超えた独自の内容をもっているか。

　例えば、(美術教育より「進んでいる」という)他の研究領域を概説したり、現代の最先端の美術やデザインを紹介したり、海外の美術教育を概説したりしたあと、(それより「遅れている」という)日本の美術教育はこうした観点を取り入れるべきである、と主張する研究はどうだろう?それら他領域、最先端芸術、または海外の研究者にとってすでに自明の知識を概説しただけなら、たとえ日本の多くの美術教育研究者にとっては新しい内容だったとしても、独自の研究とは言えない。もとの当該領域の研究者から見ても、未知の新しい研究成果と評価されうるものを含むべきである。

□研究遂行の過程や結果の解釈等が適切に行われたかどうか、読者が判断できるように説明されているか。

　限られた紙面で研究経過のすべてを詳細に説明することは困難な場合がほとんどだが、それでも、読者がその妥当性を合理的に判断できるように情報を選び取り、その提示を工夫することも論文執筆者の重要な仕事である。

□根拠や理由を明確に示しながら分析の結果や解釈を述べたか。

　初めて論文を書く学生にありがちな指導ポイントで、「データの紹介+感想」や「データの紹介+権威者の引用」で、「+」の前と後に深い結び付きがなく、集めた資料をもとに自分で思考した跡が希薄である。私を含むすべての研究者も常に自省すべき点だろう。

□自説に適合しない結果や資料を無視していないか。

　これも学生の論文で注意すべき指導ポイントの一つで、著者自身が気づいていない場合もある。これを少しでも克服するには、「本当にそうだと言えるのか」「別の観点で資料収集・分析したら」「別の原因や説明がありうるのでは」など、著者自身が反論検証しようとする習慣をつけることではないだろうか。

□論文著者の見解と、引用元の他者の見解とが明確に区別されているか。

　学会誌投稿論文でこの点ができていないレベルのものは皆無だが、学生などの初学者向けへの指導として。

□掲載する図版・写真は他者の著作権やプライバシー等を侵害していないか。

　引用として認められる範囲で、責任を持って適切に対処しよう。

□図表は内容が判別しやすく、必要な情報が過不足なく表示されているか。

　膨大な記録やデータを図表に詰め込む著者の苦労には敬意を表するが、投稿前に、読者の

立場に立って，伝わるかどうか見直してみるとよいと思う。描いている絵を途中で少し離れて客観的に見直す行為にも似ている。美術やデザインについて教える専門家の矜持として，学術的に正確であるとともに，視覚伝達表現としても一定水準の効果的な図表作成を目指そう。

□**文章の筋道がつながるように組み立てられているか。事実の記述と，理由の解釈と，結論の判断とがよく結びついていないところ（論理の飛躍）などがないか。**

　論理的思考力は，例えば大学院の授業で基本文献を要約して議論したり，自分の研究過程で不断に意識して鍛えたり，研究発表等で他者と議論したりする中で高めたりするなど，すべての研究者が継続的に取り組んでいく必要のある課題である。自分の論文を投稿前に繰り返し読み，手直しすることもその助けになるだろう。

□**結論は，これまでの研究の過程から導き出されたものか。**

　それまで述べてきたことと直接関係のない結論を唐突に述べたり，権威者の引用をもってきて結論に代えたりするような論文が時々ある。それでは，ここまで実施してきた研究の経過は何だったのかと困惑する。

□**結論は，冒頭に掲げた研究目的に対して答えているか。**

　研究目的に対して結論で答えていない投稿論文が時々ある。それではなんのためにこの論文は書かれたのか？論文の存在価値を自ら否定する行為だ。

□**結論に対する反論や限界の指摘を意識して述べているか。**

　想定通りに出された予定調和的な結論より，自説の限界やそれに対する批判的な視点も踏まえていたほうが信頼できると思う。

□**「投稿論文作成の手引」を**<u>最初から最後まで</u>**すべてチェックし，その方針と書式に沿っていることを確認したか。**

　査読者が書式上の不備を見つけて指摘するのは時間と能力の浪費であり，本来は，内容上の評価と議論に集中したい。だれでも確認できる形式上のルールについては，著者が自分で漏れのないように整えるべきだ。

□**少し時間をおいて最低5回は自分で推敲し，また1回は他者に読んでもらって疑問点や不備などを指摘してもらったか。**

　査読者に誤字脱字や文章作成上の不備を指摘されるという，不毛の時間を節約するだけではない。繰り返し読み修正する中で，自分の論述の欠点に気づき，思考そのものを深めることができる

極めて有益な機会である。個人的にはこの推敲の過程も,研究と論文執筆において自分の力を伸ばす最も価値のある時間の一つだと思う。ただし最初から破綻なく筋道の通った思考を述べられる人も存在するかも知れないので,推敲回数等は自身の状況に合わせるとよい。私の場合は経験上,自分で自分の説に反論しながら7回から10回くらい推敲すると,徐々に納得のいく論述になることが多い。

□もし査読者から厳しい指摘が返ってきても,自分の研究をより良いものに高めるための苦言(良薬)だととらえて真摯に次のステップに取り組むという覚悟を固めた上で,投稿を決意したか。
　　心の平安の確保と,見知らぬ査読者の苦労を無駄にせず研究の発展に生かすための健全な態度をもつことをお勧めする。

(3)研究コミュニティの中へ

　　美術教育の実践に没入する日々は,学習者という魚の群れと泳ぐ海だ。大きな流れの中で目を凝らし,彼らに寄り添って進もうと試行錯誤する。リゾートでの休日ほど気楽ではないが,彼らが自分らしい表現を見つけていく過程に寄り添うことは,美しい魚たちとの出会いにも勝る経験かもしれない。

　　研究は,教育実践の海から水面に顔を出し,あらためて世界を眺めることだ。ときには岸辺に上がり,広い海原を見渡してみるのもいいだろう。その後,もう一度海に潜ったからといって,必ずしも以前より泳ぎが上手になるわけでも,イルカたちともっと親密になれるというわけでもない。しかしそれを通して得られた新しい視界は,研究成果という形で,別の次元から,子どもたちには直接見えない貢献へとつながる。

　　学術研究は,論文誌や公共のデータベースの形で永続していくので,その成果は,わずかずつであっても歴史に残っていく。その蓄積が,社会における美術教育の信頼性の基盤となり,次の新しい研究のための土台になるだけでなく,日々の教育活動の革新や,未来の美術を生み出す種まきにさえつながる。教育がなければ,美術は世の中に存在しないのだから。美術教育の方法やそれに関わる知識を,個人の名人芸や物知りの段階で終わらせるのではなく,志を同じくする専門家が共有し,確かに未来へと手渡していく価値のある財産として選び取り,社会に提供していく。それが,学会という場を介して展開される美術教育研究である。

　　国際美術教育学会が発行した『芸術による学習:21世紀への教訓』(グレン・クーツ,テレサ・エーカ編)の中の担当章で私は,美術科教育学会誌『美術教育学』第38号掲載の論文36編を取り上げて分析するとともに,学会誌のような場における実践と理論との継続的対話こそが,未完のプロジェクトである「芸術による教育」を堅実に進める道であることを強調した[26]。

　　私を含めて美術の道を選んだ者は,言葉による思考や科学的探究とは別の価値をそこに見出そうとして飛び込んだ例も多いだろう。だから,通常の学術研究に求められる思考の道具を使い慣れていないことは正直に認めよう。その上でなお,芸術的価値観と学術研究の統合を成し遂げられ

るとすれば、私たちこそがそれに挑戦できる最適の位置にある。そのために、時に投稿者と査読者として厳しく対峙しながらも、共に美術教育研究を深めるコミュニティとして前に進みたい。

　本書の第Ⅱ部・第Ⅲ部で登場する各研究者の人生をかけた研究技法の一端に触れる時、あなたもまた自分の取り組む研究の未来像について、思いを巡らせるだろう。そこに胚胎した研究の種子を発芽させて世に出すのは、あなたにしかできない創造的な仕事である。そこには、芸術表現の胚芽的イメージを、自己と作品と社会の相互作用の中で育て上げて世に送り出す芸術家の仕事と同じ原理があり、時にはそれよりも困難で価値のある仕事を成し遂げることさえある、と主張しておこう。

[参考情報]

日本美術教育学会「70周年記念論集」編集委員会編『未来につなぐ美術教育』, 一般社団法人日本美術教育学会, 2021.
美術科教育学会の参加する造形芸術教育協議会を形成する3学会の一つ。日本美術教育学会が発行した記念論集。新関伸也「美術教育研究をすすめるために　学術論文を書くヒント」(pp.148-158.)は、同学会誌を念頭に論文執筆の要点をまとめている。

日本教科教育学会編『教科教育研究ハンドブック—今日から役立つ研究手引き』
教科教育学の歴史, 研究方法, 研究領域(各教科ではなく歴史研究, 目標研究, 内容研究, 教材研究などの研究対象の種類)などを網羅した体系的な手引書。

Glen Coutts and Teresa Torres de Eça(eds), *Learning through Art: Lessons for the 21st Centry?* InSEA Publications, Portugal, 2019.(DOI 10.24981/978-LTA2018)
国際美術教育学会(International Society for Education through Art)による、ハーバート・リード『芸術による教育』の21世紀における意義を検討する電子出版。

[註]

1)ジョアン・ミロ (Joan Miró), ジョルジュ・ライヤール (Georges Raillard), 朝吹由紀子訳『ミロとの対話』美術公論社, 1978, p.42.
2)ベン・シャーン (Ben Shahn), 佐藤明訳『ある絵の伝記』美術出版社, 1979, p.47.
3)勝井三雄『視覚の地平』, 宣伝会議, 2003, p.264.
4)川内有緒『空をゆく巨人』集英社, 2018.
5)野見山暁治『4百字のデッサン』河出書房新社, 1982, p.170.
6)直江俊雄「中学校美術科における『実施されたカリキュラム』研究—その目的と概要—」『藝術教育學』第4号, 1992, pp.115-132.

7)「子ども創造性神話」という言葉は、いつの頃からか私の中では自明な概念となっているが、いつ誰が作り出したのかということは今のところ不明である。私としては、「子どもは生まれながらにして創造性をもっているので、それを抑圧しないようにできるだけ自然な状態で自由な表現を促せばよい」という主張（それ自体は特に問題のない一般的な主張である）を極端に推し進め、美術学習において知識や技法を学ばせることを忌避したり、美術家やデザイナーなどの専門家の仕事から子どもたちの表現が影響を受けたりしないよう「隔離」したりする傾向などを指すために用いた。当然ながら、一つの表現方法を教条的に教え込むことは一般的に美術学習の本義ではないが、また一方、過去の文化的影響がなければ美術は成り立たないという原点を見失っては、自ら根無し草へと美術学習を貶めていくことになるだろう。

8) Toshio Naoe, "Japanese Arts and Crafts Pedagogy: Past and Present," in Richard Hickman (ed), *The International Encyclopedia of Art and Design Education*, Wiley-Blackwel, USA, 2019, pp.1261-1274.

9) 日本教育方法学会編『教育方法学研究ハンドブック』学文社, 2014, pp.52-54.

10) 同, p.28.

11) 佐藤園「教科教育学研究とその方法」, 日本教科教育学会編『教科教育研究ハンドブック―今日から役立つ研究手引き』教育出版株式会社, 2017, pp.44-48.

12) Louis Cohen, Lawrence Manion, Keith Morrison *Research Methods in Education Eighth edition*, Routledge, UK, 2018, pp.32-33.

13) Hickman, "The Nature of Research in Arts Education," *Research in Art Education: Issues and Exemplars*, Intellect Books, UK, 2008, pp.15-24.

14) É. ジルソン (Étienne Gilson), 佐々木健一, 谷川渥, 山形煕訳『絵画と現実』岩波書店, 1985, p.472.

15) Robert Motherwell, *Reconciliation Elegy*, Rizzoli International Publications, USA, 1980.

16) 直江俊雄「教室から見たデザイン教育」宮脇理編『デザイン教育ダイナミズム』建帛社, 1993, pp.139-164.

17)「『芸術を通しての教育』とは、簡単に言えば教育過程と芸術創造過程とを融合一致させようということである。それがラジカルな意味を持つのはなぜか。その教育＝芸術創造過程が、社会のエレメンタリな過程でなければならぬという主張を含むからである。芸術は抑制や禁忌を廃棄し、知覚を解放するだけではない。自然のリズム（断絶と飛躍を当然含む）を発見し、しかも、人間と物との関係や人間と人間の関係に潜むそのリズムを取り戻して、人間の生を再統合する機能がある」（小野二郎「『芸術を通しての教育』に見るハーバート・リードの思想」大橋晧也, 宮脇理編『美術教育論ノート』開隆堂, 1982, p.73.）

18) Department of Education and Science, *Art in the National Curriculum (England)*, HMSO, 1992.

19) これらの問いから始まった研究としては、下記およびその他がある。
直江俊雄「イングランド中西部の中等学校における美術カリキュラムの編成動向―『ナショナル・カリキュラム』(1992年)導入の影響―」『大学美術教育学会誌』第28号, 1996, pp.265-274.
直江俊雄「日本と英国―芸術と教育の連続性をめぐって」宮脇理編『緑色の太陽　表現による学校新生のシナリオ』国土社, 2000, pp.45-61.

20) マリオン・リチャードソン (Marion Richardson), 稲村退三訳『愛の美術教師』白揚社, 1958. (のちに北條聰・淳子訳『リチャードソンが指導したイギリスの子どもの絵』現代美術社, 1980.)

21) ここから始まった研究としては、下記およびその他がある。
直江俊雄「よみがえる『マインド・ピクチャー』―歴史研究の拠点『マリオン・リチャードソン・アーカイブ』のもたらすもの―」『アートエデュケーション』26号, 建帛社, 1996, pp.118-126.
直江俊雄「ハーバート・リードと英国美術教育改革―批評家と教育実践者との対話をめぐって―」『美術教育学』第25号, 美術科教育学会, 2004, pp.285-298.

22) 直江俊雄「集団での鑑賞活動と心理的快適度　二次元気分尺度による測定を手がかりに」『芸術研究報』第31号, 筑波大学芸術系, 2011, pp.57-66.

23) シャーン, 前掲註2), p.49.

24) 川内, 前掲註4).

25) 有島武郎の小説『生れ出ずる悩み』(1918)より。

26) Toshio Naoe, "An Organic and Multilayered Conception of Art:Dialogues between Read and Art Educators," in Glen Coutts and Teresa Torres de Eça(eds), *Learning Through Art: Lessons for the 21st Century?* InSEA Publications, Portugal, 2019, pp.92-104.

美術科教育学会「研究倫理綱領」を読み解く
理解を深めるために

新関伸也
NIIZEKI Shinya

1………学会の「研究倫理綱領」とは

　各学会において「倫理綱領」が制定された背景には,日本学術会議が出した声明「科学者の行動規範について(2006年10月)」(以下「行動規範」)によるところが大きい。声明では「最近国内外で続発した科学者の不正行為には強い危機感を持ち,また再発防止の対策を関係諸機関に促す責任を有すると認識している」[1]さらに「各大学・研究機関,学協会が『科学者の行動規範』を参照しながら,自らの行動規範を策定し,それが科学者の行動に反映されるよう周知されることを要望する。また,全ての組織が『科学者の行動規範の自律的実現を目指して』に記したような倫理プログラムを自主的に策定し,運用することを要望する」[2]と記してある。

　さらに,2011年3月の東日本大震災や軍事と平和の両面に関わるテクノロジー,いわゆるデュアルユース問題を契機に「行動規範」は,2013年1月に改訂されている[3]。このように,科学者の研究不正行為からの信頼回復と再発防止策のために,各学会が自主的に「研究倫理綱領」を策定している。

　美術科教育学会においても,日本学術会議協力学術団体として「行動規範」に沿って,「研究倫理綱領」を2018年4月に制定した。この制定された「研究論理」を研究不正にからむ外的要因から制定されたものと捉えるのではなく,美術教育研究をすすめる上での基本的態度,さらに研究の自立性や独自性を担保し,学問の自由を守り,また自らの権利を守ってくれる内発的・自律的なものとして,ポジティブに読み取っていただきたい。なお,本章では,本学会の「研究倫理綱領」から各条文に沿って解説する。

2………研究不正と学会の信用失墜

【美術科教育学会は,会則第2条の目的達成のために,基本的人権の尊重に最大限に配慮しつつ,会員の美術教育研究の果たすべき社会的な責任を確保するため,この研究倫理綱領を制定する。】

　[会則第2条　本会は,美術教育に関する研究協議を行い,美術教育の学術振興に資す

ることを目的とする。〕

　本学会の「研究倫理綱領」は、美術教育の研究協議や学術振興を目的とした学術団体としての立場や目的、方針を補完するものであり、会員の研究をすすめる上での規範となるものである。いわば学会の会則に沿った「基本方針」であり、研究活動を遂行するにあたってのモラルである。

　そもそも、なぜ厳しい倫理が学会に所属する会員、つまり研究者に求められているのだろうか。それは端的に言えば、科学や学問は社会の「信頼・信用」を基盤として成立しているからである。科学や学問は正統な手続きですすめられ、得られた結果や考察は正しいこととされている。科学は人々に「信頼・信用」されているからこそ、真理探究をめざす学問として成立し、継承されてきたわけである。

　ところが、近年相次いだ研究におけるデータの捏造や不正行為によって、それらの「信頼・信用」を失墜させる事件が起きている。その例として筆者が特に記憶に残り衝撃を受けたのが、考古学の「旧石器捏造事件」[4]や「STAP細胞問題」[5]などで、科学者の倫理だけではなく、その領域の学問自体の信憑性が問われた捏造事件であった。このような問題発覚の都度、研究者倫理が幾度となく問われてきたが、現在も捏造や改ざんなどの不正研究が後を絶たない。不正の多発は、科学や学問に対する社会の「信頼・信用」を失墜させ、また健全な研究推進を妨げ、知の財産の損失となり、社会に与える影響は大きいものがある。

　専門分野の学術振興を図る団体である学会及び所属会員一人ひとりが、社会の「信頼」を得るために、常に研究倫理を忘れず、事あるごとに意識しておかなくてはならないだろう。

(1) 学術振興における基本的人権と研究倫理

　この前文では、美術教育の学術振興の目的を果たすための「基本的人権の尊重」をあげている。「基本的人権」とは、「人間が生まれながらに有している権利」あり、日本国憲法では第11条で「国民は、すべての基本的人権の享有を妨げられない」とある。

　つまり、生命、自由及び幸福追求に関する権利であり、また恣意的に剥奪や制限されることのない権利である。子どもも大人も区別なく、あらゆる人間に付与され、また保持している権利である。この人権を尊重することが、研究や学問を始める第一歩であり、指針である。美術教育研究では、学校教育における人やモノを対象にしていることが多い。特に、幼児・児童・生徒など子どもに対する人権意識を自覚的に高めておきたい。そのために「児童に関する権利条約」[6]の第13条「表現の自由についての権利」及び第28条「教育についての児童の権利」、1951年こどもの日に制定された「児童憲章」などは、再読したい内容である。

(2) 学会と社会的な責任

　学会はラテン語の【Societas（社会）】に語源があり、英文で【Society】と綴られるように、学術研究

の組織・団体として社会に開かれた存在である。ただ本学会では、英文で【Japanese Association of Art Education】と表記しており、協会、組合、連合を意味する自由参加的な会員の集合体として【Association】を意図的に用いている。いずれにしても、学会は、研究成果の論文は社会一般に公表されていることを考えると、専門家として社会に与える影響は決して小さいものではない。

このことからも学会に所属する会員には、美術教育研究において「社会的な責任」が生ずるのである。前述の日本学術会議「行動規範」では、「I科学者の責務」として「科学者の基本的責任、科学者の姿勢、社会の中の科学者、社会的期待に応える研究、説明と公開、科学研究利用の両義性」の6観点を示し、科学者は社会的な存在であり、その中で研究を推進していることを強調している[7]。

3·········人権の尊重

【第1条　人権の尊重】
会員は、研究の実施及び研究成果の発表ならびに学会活動において、関係する人々の基本的人権に配慮しなければならない。

(1) 研究及び発表における人権配慮
第1条での「人権の尊重」は、上記の前文でも述べたように、研究倫理の基本原則である。基本的人権は、研究のあらゆる場面で配慮が必要だが、第1条では、「(1)研究の実施、(2)研究成果の発表、(3)学会活動」の三点における基本的人権について述べている。

まず「(1)研究の実施」では、大きく実施前と実施中に分けられる。研究前、つまり着手にあたって、研究の立案や計画、申請、研究分担者や協力者への依頼などに関わる人権への配慮である。また、「(2)研究成果の発表」で留意したいのは、プライバシーや肖像の保護の観点である。本学会の「学会誌『美術教育学』投稿論文作成の手引き(2021年改訂)以下『投稿の手引き』」においても、「1-1.人権の尊重及びプライバシーの保護」として「投稿論文の内容及び研究手続き全般において、研究・実践対象者や協力者の人権の尊重及びプライバシーの保護に十分配慮する必要がある。例えば、写真の使用にあたっては、被写体となった人からの投稿・公刊の許諾を得る」とある。

(2) 学会活動での人権配慮
続いて「(3)学会活動」で留意したい点は、地位や立場を利用した関係者に対した嫌がらせ「ハラスメント」行為である。学会活動関係では「アカデミックハラスメント」に該当することが多い。「アカデミックハラスメントとは、大学の構成員が、教育・研究上の権力を濫用し、他の構成員に対して不適切で不当な言動を行うことにより、その者に、修学・教育・研究ないし職務遂行上の不利

益を与え,あるいはその修学・教育・研究ないし職務遂行に差し支えるような精神的・身体的損害を与えることを内容とする人格権侵害をいう」[8]と定義されているように,修学・教育・研究での人格権侵害に該当する。

　学会や研究活動において,ベテランの研究者や役員,指導教員などが立場を利用して,若手研究者や大学院生・学生になど対して,不適切な言動や研究に不利益を与えたり,研究に差し支える精神的・身体的損害を与えたりするなどの人格権の侵害をないように留意しなければならない。

4………研究実施の配慮

【第2条　研究実施のための配慮】
　会員は,研究の実施及び研究成果の発表等を行う際には,先行研究を踏まえるとともに研究協力者に対して,研究の目的や内容等について周知し,同意や許諾を得なければならない。

(1) 先行研究
　第2条は,先行研究や研究実施,成果発表における研究協力者に対しての同意や許諾について述べている。まず,はじめに「先行研究を踏まえる」ことの重要さである。論文や口頭発表において先行研究に対する言及は,自らの研究の独自性や新規性を示す上でも欠くことはできない。先行研究を示すことは,先人の研究と自らの研究の位置づけを明確にし,研究の方向を示す道標にあたる部分でもある。先行研究の調査範囲や内容が研究テーマの妥当性を決めると言っても過言ではない。

　またここで注意すべき点として,重要な先行研究を明示しなかったり,自らの研究に都合の悪い先行研究を意図的に排除したりすることのないように学問的な公平さや厳正さが求められる。なお,この先行研究と関連する「引用」については,後の章で述べたい。

(2) インフォームド・コンセント
　次には,関係者に対する研究の「インフォームド・コンセント(Informed Consent)」の重要性である。美術教育研究において研究協力者は,大人だけではなく,幼児・児童・生徒などの子ども含まれていることを忘れてはならない。そもそも英文の【Informed Consent】を翻訳すると「情報の同意や承諾」となり,当初医師が患者に治療などを説明する意味に使われてきた用語である。同様に研究者は,研究に関係する人々に対して情報を説明し,同意や承諾を得る義務が生じるのである。被験者だけでなく,未成年の場合には保護者の同意や許諾を得る手続きが必要であり,それなしには研究の着手,実施,成果発表をしてはならない。

　では,どのような「情報」を説明するのであろうか。厚生労働省「臨床研究に関する倫理指針」

を参照に、美術教育研究に該当するのは「イ　当該臨床研究への参加は任意であること。ロ　当該臨床研究への参加に同意しないことをもって不利益な対応を受けないこと。ハ　被験者又は代諾者等は、自らが与えたインフォームド・コンセントについて、いつでも不利益を受けることなく撤回することができること。ニ　被験者として選定された理由。ホ　当該臨床研究の意義、目的、方法及び期間。ヘ　研究者等の氏名及び職名。ト　予測される当該臨床研究の結果、当該臨床研究に参加することにより期待される利益及び起こり得る危険並びに必然的に伴う心身に対する不快な状態、当該臨床研究終了後の対応」[9]などである。

　つまり、被験者には、情報の説明に納得できず、不安や不利益を覚える場合には、拒否することが可能で、かつ参加・不参加は自由であるということである。

　したがって、研究に協力してもらう関係の人々には、ていねいな説明や文書による確認などによって、十分に納得してもらうことが大切である。不利益を被り、個人の匿名性が保証されないような研究は、人権に配慮していないこととなる。

　また、研究実施中では、量的研究のデータ収集にあたるアンケートの内容や量、インタビューなどの質問内容、質的研究においては参与観察におけるビデオ撮影や記録などにかかわる肖像権の問題、特に、大人だけでなく子ども、その保護者を含めてデータ提供者などの研究協力者に対する誠実な態度や責任の所在についての説明が必要となる。

5………情報管理の厳守

【第3条　情報管理の厳守】
　会員は、研究で収集した情報やデータなどは、厳重に管理し、研究目的以外に使用してはならない。

(1)データの管理
　研究で収集したデータには、文書やアンケート、数量的に処理した数字、画像、写真、作品現物など多種多様なものがある。これらのデータは、研究領域の目的や方法によって異なるが、いずれにしても分析や考察のソースで、このデータがなければ研究が成立しない。この重要なデータは、適切な方法で取得し、かつ不正やミスのないデータであることはもちろんだが、その保管においても十分に配慮する必要がある。

　特に自然科学系の実験データは、研究の独自性や信頼性を確保するために「ラボノート」の記録方法などが厳格化されている。人文社会系の美術教育研究とは言え、データの取得や保存には慎重を期したい。意図しないことでも、起こりえることにデータの紛失や流出がある。データを保存したUSBをうっかり紛失したり、誤ったメールアドレスにデータを転送したりしてしまうことである。

　また、パソコン処分の際にハードデスクを消去し忘れて、データが流出してしまうこともありえる。常

日頃から, 電子データであればパスワードを掛けたり, 紙や作品などの現物であれば適切な場所に保管したりする必要がある。また, 後に論文の根拠となるデータを参照したり, 提出が求められたりする可能性もあるために, 論文を仕上げてもすぐにデータ消去や廃棄せずに一定期間は保存する習慣を付けたい。

(2)目的外使用

　一方, データの研究目的外使用として, 考えられるのは当初の目的で収集したデータを他の目的で書いた論文に不適切に使い回したり, 無断で他の研究や論文に使用・記載したりすることが考えられる。これも, 厳に慎まなければならない。

6………研究結果の公表と責任

【第4条　研究成果の公表に伴う責任】

　会員は, 研究成果を公表する場合や論文査読を行う場合には, 社会的, 人道的, 政治意義を十分尊重し, 専門家としての責任を自覚して行わなければならない。また, 他者の知的成果及び著作権を侵害してはならない。さらに会員は, 研究に用いた資料などについて, 先行研究や出典を明記し, 研究で得られたデータ, 情報, 調査結果などを, 改ざん, 捏造, 偽造してはならない。

(1)専門家としての責任

　第4条では, 研究の公表や論文査読の場合の「(1)専門家としての自覚, (2)著作権侵害, (3)出典・引用, (4)データの改ざん・捏造・偽造」について述べてある。

　まず, 研究成果の公表や論文を査読(ピアレビュー)する際の専門家としての責任である。学会は, 同じ分野の学問を専攻する学者(ピア)が組織する団体である以上, 専門家集団である。いわばプロフェッショナルとしての社会的, 人道的, 政治的意義に対して自覚的でありたい。研究発表や論文査読においても, これまで述べてきた人権意識はもちろん, 政治的, 思想的に偏ることない中立性, 公平性が求められる。

(2)著作権侵害

　続いては, 著作権侵害である。本学会の「投稿の手引き」にも「1-2著作権・版権等への配慮−図版等の掲載にあたっては, 著作権・版権等に配慮し, 著者権者等による転載の許諾を得る」とある。

　美術関係の著作権で特に留意すべき点は, 作品図版の引用や掲載である。たとえば, インターネットで公開されているパブロ・ピカソなどの作品図版を無断で転載したりすると著作権侵害になることがある。クレジットが明示されている作品図版などは正統な手続きを取って許諾を得る必要が

あるため、論文の図版掲載はくれぐれも慎重に引用したい。

　なお本学会の査読や学会誌掲載にあたって、「投稿の手引き」では編集委員会から、著作権に関係する根拠として、(1)投稿論文中に使用されている写真の権利者、又は被写体となっている人（未成年者の場合はその保護者等）の『写真等使用許諾書』、(2)投稿論文中の図版、図表等の引用についての、著作権者等による『転載許諾書』、(3)投稿論文と関係のある同一投稿者による公刊又は公刊予定の論文等のコピー、を求めることがあるとしている。

(3)出典・引用の明記

　研究において、他人の研究成果を取り入れる場合には、必ず出典を明記しなければならない。研究論文等を読む者がどのような研究成果をもとに、研究を積みかさねたかを知る手がかりが出典の明記である。出典は、文献や学会誌の論文をはじめ、官公庁の白書、公開されている審議会報告書など多種多様に渡る。近年ではインターネットの普及により、引用した箇所を示す出典としてURLを書くことも稀ではなくなった。ただし、インターネットの情報は、URLが変わったり、Webページが消滅したりすることもあるため、閲覧した年月をいれることになっている。(例：美術科教育学会、〈http://www.artedu.jp/〉、2021年10月27日閲覧。)

　なお出典を明示しつつ、論文に正しい方法で「引用」するのであれば、著作権侵害になることはない。そのために「引用」では、引用した箇所を明確に区分して示すことが重要である。引用箇所を変えてしまったり、誤解されたりするような引用の仕方は許されてはいない。そのため、学会で定められている論文「引用」の表記例などを十分、理解して論文執筆する必要がある。

(4)論文執筆における剽窃や捏造、二重投稿

　本学会の「投稿の手引き」の「1-3.研究倫理の遵守−投稿原稿は、オリジナル原稿でなければならない。剽窃、捏造、二重投稿などに抵触してはならない。既に公刊されたものや他の学会誌等に投稿中のもの審査中のもの、印刷中又は印刷予定のものを含む別の学会誌等に投稿することは二重投稿となる」とある。

　論文での「剽窃(Plagiarism)」とは、他者のアイディア、分析・解析方法、データ、研究結果、論文の内容を当該研究者の許諾もしくは、適切な表示せずに流用することである。

　また「捏造(Fabrication)」とは、存在しないデータ、研究成果等を作成することである。さらに同一の研究内容の論文を複数の学会誌に投稿したり、同じ調査内容や分析でありながら、異なる結果として発表したりする「二重投稿」もしてはならない。

7………研鑽の義務

【第5条　研鑽の義務】
　本学会及び会員は,学問的な誠実性と自律的な行動を促進するために,本倫理綱領の周知・理解,そして遵守へ向けた研鑽をしなければならない。

　研究活動は,基本的に他者から制限されたり,阻害されたりすることがない前提ですすめられるが,協力者,特に児童・生徒及び保護者の不利益となる場合には,その限りではない。将来において関係者の不利益が予測されるのであれば,研究の独自性がたとえ認められても,研究に着手してはならない。学問的に優れた研究とは,研究者の誠実な態度や自律的な行動が前提にあってこそ,社会的に認知され,敬意を得られるのである。
　そして,会員は自らの研究の価値を高めるために,研究不正を未然に防止する努力を怠ってはならない。そのためにも機会を捉えて倫理観を高めておくことが必要である。本倫理綱領の理解を深めるために,日本学術会議の「研究倫理eラーニングコース(e-Learning Course on Research Ethics)」[10]を受講して,研究倫理の確認しておくことが望しい。このeラーニングは,『科学の健全な発展のために−誠実な科学者の心得−』[11]をもとに作成された学修教材で,研究者向けと大学院生向けの2コースがある。これらはいつでも受講することができるため自己研鑽に最適なコンテンツであり,倫理上の注意点を具体例に則して学ぶことができるために有益である。

8………倫理綱領の遵守と抵触疑義への対応

【第6条　倫理の遵守および抵触疑義への対応】
　本学会および会員は,研究倫理綱領を理解し,その遵守に努めなければならない。なお,本倫理綱領に抵触する疑義が生じた場合には,本学会はすみやかに調査を行い,事態に対応しなければならない。

　第6条では,倫理綱領の遵守と抵触疑義への対応に関しての記述であるが,倫理綱領の遵守については,これまでも繰り返し強調してきた。ここでは,学会としての研究倫理綱領の抵触について述べてみたい。
　倫理綱領の抵触疑義とは,具体的に言うと口頭発表の内容や論文査読段階,さらに学会誌掲載論文に対する,著作権侵害,剽窃,捏造,二重投稿等に関する疑義や学会活動に関するアカデミックハラスメントなどが想定される。研究に関しては,発表者や執筆者から疑義が出されることは少なく,他者である第三者から疑義が出される事例が多い。口頭発表であれば聴講者,論文査読段階であれば査読者,二重投稿であれば学会誌編集委員や会員及び他学会会員などで

ある。場合によっては,学会誌からの引用をする研究者から,研究不正に該当する疑念が出される場合もある。また,学会活動に関してのアカデミックハラスメントなどについては,被害者本人からの訴えによるものもある。

　いずれにしても,このような研究倫理に抵触し,研究不正に該当する場合や告発者から正式な訴えや回答などを求められた場合には,本学会は倫理調査委員会などを立ち上げて,公平性の観点から調査や対応をしなければならない。その結果によっては,発表や論文の撤回及び謝罪,厳重注意などの処分も想定される。

9………研究倫理と研究者

　これまで第6条に渡る美術科教育学会「研究倫理綱領」について,条ごとに読み解いてきた。すでに会員の方は周知の内容も多かったと思われるが,いざ研究をすすめたり,論文執筆段階でつい失念したりすることもありうるのが,人間である。また,インターネットの普及や各種のデータベースの充実によって,調査や研究の利便性が飛躍的に進歩している。その利便性によって研究も拙速になりがちで,不正も起こりやすく,また,不正も露見しやすい時代となっている。だからこそ今日の研究者は,より高い研究倫理観を持つことが求められているのである。自らの研究の自由と独自性を担保し有益な研究を推進するために,本学会の「研究倫理綱領」を時々よみ返しながら,趣旨とその背景を理解していただきたい。

美術科教育学会　研究倫理綱領

　美術科教育学会は,会則第2条の目的達成のために,基本的人権の尊重に最大限に配慮しつつ,会員の美術教育研究の果たすべき社会的な責任を確保するため,この研究倫理綱領を制定する。

第1条　人権の尊重
　会員は,研究の実施及び研究成果の発表ならびに学会活動において,関係する人々の基本的人権に配慮しなければならない。

第2条　研究実施のための配慮
　会員は,研究の実施及び研究成果の発表等を行う際には,先行研究を踏まえるとともに,研究協力者に対して,研究の目的や内容等について周知し,同意や許諾を得なければならない。

第3条　情報管理の厳守
　会員は,研究で収集した情報やデータなどは,厳重に管理し,研究目的以外に使用してはならない。

第4条　研究成果の公表に伴う責任
　会員は,研究成果を公表する場合や論文査読を行う場合には,社会的,人道的,政治的意義を十分尊重し,専門家としての責任を自覚して行わなければならない。また,他者の知的成果及び著作権を侵害してはならない。
　さらに会員は,研究に用いた資料などについて,先行研究や出典を明記し,研究で得られたデータ,情報,調査結果などを,改ざん,捏造,偽造してはならない。

第5条　研鑽の義務
　本学会及び会員は,学問的な誠実性と自律的な行動を促進するために,本倫理綱領の周知・理解,そして遵守へ向けた研鑽をしなければならない。

第6条　倫理の遵守および抵触疑義への対応
　本学会および会員は,研究倫理綱領を理解し,その遵守に努めなければならない。なお,本倫理綱領に抵触する疑義が生じた場合には,本学会はすみやかに調査を行い,事態に対応しなければならない。

附則　本綱領は平成30年4月1日より施行する。

［参考情報］

一般社団法人日本保育学会・倫理綱領ガイドブック編集委員会『改訂保育学研究ハンドブック』フレーベル館,2015.
保育学系の学生・院生や研究者に向けた倫理研究ガイドブック。論文作成や学会発表の参考となる。

上野達弘編『教育現場と研究者のための著作権ガイド』有斐閣,2021.
教員・学校現場向けの著作権のガイドブック。Q&A形式で具体的な事例が豊富に掲載されている。

柏女霊峰監修,全国保育士会編『改訂版全国保育士会倫理綱領ハンドブック』全国社会福祉協議会,2016.
保育士会の倫理綱領解説書。倫理綱領の条文に則しながら保育現場の事例で具体的に説明している。

眞嶋俊造・奥田太郎・河野哲也『人文・社会科学のための研究倫理ガイドブック』慶應義塾大学出版会,2015.
人文・社会科学系の研究者や学生指導の教員向けで,研究倫理とその教育について書かれたもの。参考文献豊富。

［註］

1）日本学術会議科学者の行動規範に関する検討委員会「声明　科学者の行動規範について」日本学術会議, 2006.
2）同上, p.2.
3）日本学術会議改革検証委員会「声明　科学者の行動規範−改訂版−」日本学術会議, 2013.
4）日本の前期・中期旧石器時代の遺物（石器）や遺構とされていたものが,アマチュア考古学研究家藤村新一による自作自演による偽物であったことが2000年に発覚し,捏造事件となった。
5）「体の細胞を,弱酸性の液につけるなど外から刺激を加えるだけで,受精卵のときのような,体中のあらゆる細胞に分化できる状態に変えることができた（刺激惹起性多能性獲得,STAP:Stimulus-Triggered Acquisition of Pluripotency）という研究論文が,虚偽であり不正であったことが発覚し,日本の生命科学研究の信頼性を揺るがす大事件になった問題。[勝島次郎]」:出典「日本大百科全書（ニッポニカ）」©Shogakukan Inc.〈https://japanknowledge.com/introduction/keyword.html?i=51〉, 2022年1月12日閲覧。
6）1989年の第44回国連総会において採択され,1990年に発効。日本は1994年に批准した。
7）日本学術会議改革検証委員会「声明　科学者の行動規範−改訂版−」日本学術会議, 2013, p.6.
8）役員会「東京大学アカデミックハラスメント防止宣言」平成18年3月17日,〈http://har.u-tokyo.ac.jp/files/user/img/AH_sengen.pdf〉, 2022年1月12日閲覧。
9）厚生労働省「臨床研究に関する倫理指針」平成15年7月30日（平成16年12月28日全部改正）（平成20年7月31日全部改正）, p.18.〈https://www.mhlw.go.jp/content/10600000/000757382.pdf〉, 2022年1月12日閲覧。
10）日本学術振興会「研究倫理eラーニングコース(e-Learning Course on Research Ethics)[eL CoRE]」〈https://elcore.jsps.go.jp/top.aspx〉, 2022年1月12日閲覧。
11）独立行政法人日本学術振興会「科学の健全な発展のために」編集委員会編『科学の健全な発展のために−誠実な科学者の心得−』丸善出版, 2015.

II

私たちの研究技法

美術の学びに対する心理学的アプローチ

縣 拓充
AGATA Takumitsu

1………はじめに

　最初に断っておくと，筆者は「美術教育」を学問的なバックグラウンドとしているわけではない。筆者の専門は教育心理学・認知心理学であり，それらの方法論を用いながら，「創造性」の理解と支援に向けた研究を行ってきた。その際，特にアートの創造や，アートを通した学びを中心的な研究テーマとしていたため，美術科教育学会でも研究を発表するようになった。

　教育心理学は，心理学の中でも，学びや教育の問題に着目し，その理論的解明や実践的な改善を目指している学問領域である。心理学研究の中には，実験や質問紙調査，フィールドワークやアクションリサーチなど，様々なアプローチのものが含まれるが，いずれにも共通して，原則的には仮説演繹法に基づいての「実証」を重視した学問という共通点がある。すなわち，理論的なアイデアや新しい教育法を提案しただけでは学問的知見として認められず，それが妥当なものか，有益なものかという検証を経る必要がある。そのための方法論を幅広く開発・蓄積してきたことも，心理学という領域の一つの強みと言えるだろう。

　本章では，はじめに筆者の研究テーマについて紹介し，続いて具体的な研究について「技法」に着目しながら述べる。

2………私の研究テーマとその技法

　図画工作や美術は創造性を育む教科だ，と言われることは多い。しかし，創造性の中身についてよく検討されないまま，「作品をつくることは子どもの創造性を促す」と捉えられてきた側面は否定できないだろう。

　心理学において創造性は，「新しさ（新奇性）」「適切さ（価値・有用性）」という二つの基準から定義されることが多い[1]。もし「新しさ」という軸のみを基準とした場合，ただ奇抜ものを作れば創造的とみなされてしまう。それゆえに，「新しさ」に加え，それぞれの文脈における「適切さ」という評価軸も組み込まれてきた。なおこのような創造性の中には，個人が日常の中で新しいものを生み出すという営みから，プロフェッショナルが生み出す作品やパフォーマンス，社会・歴史的にパラダイムシフト

が引き起こされるような成果など、様々なレベルものが含まれている[2]。ただし、それらの間に質的な違いはなく、両者の基盤となる認知過程は共通のものという見方が有力である[3]。

このような創造性を促す目的で、これまで様々な実践やツールが開発され、実際に用いられてきた。その代表的なものは、一つの刺激や問いからたくさんのアイデアを生みだす「拡散的思考」を創造性の中核に据えたプログラムである。広く知られた、集団でアイデアを発想する際に用いられる「ブレインストーミング」も、基本的には拡散的思考を促すための手立てだと言える。

ただし、拡散的思考は創造のプロセスのあくまで一部である。実際、創造の一連の過程では、アイデアを拡散的に生成するだけではなく、問題意識やテーマを探索したり、生成されたアイデアの中で発展可能性が高いものを選び取ったり、従来のものと比較したり、より効果的なアウトプットの方法を追求したりする必要がある。したがって、拡散的思考のスキルだけを獲得させても、クリエイティブなパフォーマンスは必ずしも促されない[4]。

もう一点、創造性教育に関わる研究が直面した課題として、「学習転移」の難しさが挙げられる。例えば、ある課題を通して創造的な思考法を学んだとする。その場合、類似した場面においてはその経験が活用されるが、少しでも異なる状況下ではほとんど生かされない[5]。このような転移の難しさや高い領域固有性という特徴は、専門教育や組織内での創造性開発の場面では問題になりにくい。しかし、各学習者が将来どのような領域に進むのか分からない普通教育においては重要な意味を帯びる。例えば、「21世紀型スキル」の一つとして創造性に関連するものが取り上げられているが、そこでも様々な場で生かされる汎用的技能であることが想定されている[6]。では、そのような創造性の教育はいかにして可能であろうか。

筆者は、創造の専門家を育む「創造的熟達」に向けた教育実践と、教養としての創造性を育む「創造的教養」に向けた実践のあり方を区別している[7]。創造的熟達とは、文字通り創造的領域のエキスパートを育むことである。その教育においては、学習内容の汎用可能性を意識する必要はなく、その領域での創造的なパフォーマンスを高めていくことが重要となる。他方で創造的教養とは、教養としての創造性を身につけさせるような教育のあり方を指す。すなわち、何らかの実践や体験を通して、創造的に考える、新しいものを生み出すということはどういうことか、その過程や方法を理解させるとともに、未知のものを好んで探究するような態度やモチベーションを促すということである。

アマビール（Amabile）は創造性を、「専門性」「創造的思考スキル」「モチベーション」の三つの要素が重なり合ったときに発揮されるものとしている[8]。このモデルを参照すると、創造的領域のエキスパートの育成には、この三つをいずれも育む必要がある。いずれもが必要になるという意味では、それぞれを区別せず、一体のものとして育んでいけばよい。他方で、創造的教養の教育は、多様な領域や日常生活の中でも汎用可能性が高い、創造的思考スキル、及び、モチベーションに重点を置いて身につけさせようというものだと言える[9]。

筆者の中では、普通教育の中でより意識されるべき創造性は、創造的教養だと考えている。すなわち、アートやデザインの実践を通じて、領域固有の知識やスキルを教えることは必要最小限にしつ

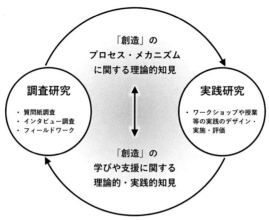

図1: 筆者の研究アプローチ

つ,その代わりに,その後の市民生活・職業生活の多様な局面で生かされるような創造的な態度や眼差し,思考のスキルを促すべきだと捉えている[10]。

このような問題意識のもと,筆者は心理学の様々な手法の中でも,主に「調査研究」と「実践研究」という,大きく二つのアプローチから上記の意味での創造性の理解と支援に向けた研究に取り組んできた(図1)。調査研究の中には,アンケートの回答から人々の持つ何らかの物事への捉え方や態度,行動傾向を明らかにしたり,相互の関係性を調べたりする「質問紙調査」のほか,アーティストや実践参加者に丁寧に聞き取りを行っていく「インタビュー調査」,制作や実践の現場にて観察を行う「フィールドワーク」などが含まれる。もう一つの「実践研究」は,何らかの理論などに基づいてワークショップや授業等の実践を開発・実施し,そこでの効果を検証するものである。これら二つを補い合いながら展開することで,理論的知見・実践的知見をそれぞれ精緻化することを試みてきた。次節ではより具体的に,それらのアプローチをどのように組み合わせながら研究を進めてきたかを示していく。

3⋯⋯⋯私の研究歴

(1) 創作のプロセスに触れる展示とその効果

筆者は学部生時代,「創造的活動の認知プロセスの解明」をテーマとする認知心理学の研究室に所属していた[11]。この研究室では,心理学の様々なアプローチを組み合わせて用いながら,科学的発見や芸術創作を中心に,創造活動の背後にある認知活動や熟達の過程の理解を目指していた。筆者自身も,卒業論文ではインタビューやフィールドワークによって,アーティストがどのように思考をしながら制作を行っているかの検討を行った。その頃,様々なアーティストの創作の過程に触れ,アーティストの発想や視点の面白さに強く触発されたことは,筆者のその後の研究の方向性

を定める原体験となったと言える。

　その中で学内の博物館において，アーティストの創作のプロセスに関わる研究成果の一端を，完成した作品と合わせて展示をする機会があった。通常，美術館では出来上がった作品のみが展示され，その作品がどのように作られたのか，特に，アーティストがそこに至るまでにどのようなことを考えたのかという心理的な過程を知ることはできない。そのため，この展示に対する鑑賞者の反応を調べることを通して，「アーティストの創作のプロセスに触れることが，人々の鑑賞活動やアートに対するイメージにもたらす効果」を検証できると考えられた。そこで，博物館をフィールドとした実践研究をデザインし，上記の問いを念頭に置いて展示を構築するとともに，それが鑑賞者に及ぼす影響の検証を行った[12]。

　展示が鑑賞者にもたらす効果は，どのように調べることができるだろうか。もちろん，作品体験後に鑑賞者にアンケートやインタビューを実施し，直接尋ねることも有効な方法である。しかしそれだけでは，具体的にそれぞれの作品や展示物を前に鑑賞者がどのくらいの時間を費やし，何を体験したかが分からない。また，鑑賞中に感じていたこと，考えていたことをそのまま取り出したい場合，アンケートではどうしても体験内容について「回顧」してもらう形になり，データの信頼性が揺らいでしまう。

　このような課題への対処のため，この研究では，鑑賞者が自然に生成する「会話」を記録・分析することで，自然な鑑賞のプロセスを取り出すことを試みた。より具体的には，大学生に友人や恋人など仲の良いペアで展示に訪れてもらい，ICレコーダーを首からぶら下げて展示を回ってもらう。その音声データから，鑑賞者の反応や体験の様子を把握するのである。このように鑑賞者の会話を分析する方法は，2000年ごろから海外のミュージアム研究で行われはじめ，そこで生成される会話は，展示物と学習との間を「媒介」するものであると同時に，学習の「成果」そのものでもあると捉えられている[13]。展示に限らず，ワークショップや授業でグループワーク等を行った際に，ICレコーダーを設置し，後から会話・議論の様子を聞いてみることをぜひ試してみていただきたい。率直な反応や思考の様子を伺うことができ，事後のアンケート等よりも中身の濃い実践のリフレクションが可能になる。

　さて，鑑賞者の会話から展示の反応を調べた結果，様々なことが分かった。一つは，ほとんどのペアが，本展の中で初めてアーティストの創作の過程に触れた様子であったことである。これは逆に考えると，多くの大学生が，学校の美術教育を含めても，それまでに「アーティストはどのような過程で新しいものをつくりあげているのか」を知る機会を持たないということでもある。

　そして二つ目に，少なくない人が，アーティストの創作の過程に関わる事実にそぐわないステレオタイプを形成していたことが挙げられる。ここでいうステレオタイプとは，「アーティストは普通の人とは異なる，生まれつきの天才的な才能やセンスを持っており，一瞬の感覚的なひらめきによって創造的なものを生み出してしまう」という捉え方である。このような認識の存在は従来の研究でも指摘されており，しばしば「創造性神話」や「天才説」と呼ばれてきた[14]。

　会話からは，創作プロセスの展示を見る中で創造性神話のようなステレオタイプが緩和されたこと

ともに,それによって美術や創造活動をより身近に感じるようになっていたことも示唆された。例えば,表1に示した大学生ペアの会話からは,アーティストの創作プロセスに触れ,そこに自分の人生経験や思考過程との共通点を見出すことで,創造性神話等のステレオタイプの緩和が促されたことが伺える。

表1: 創作プロセスの展示を前にした大学生ペアの会話

5B : でも何か,アーティストとかすげぇ距離があるのかと思っていたけどさ,こう考えるとさあ,近い部分があるというか。
5A : うんうんうんうん。
5B : 生きることそのものに,似た部分がある。
5A : 何か私みたいなのと似てるとか言ったらすごい失礼のような気もするけどさ,でも何か,特殊な人だと思うじゃん,アーティストって。
5B : うんうんうん,そうだよね。(でも)普通に悩んどるよね。
5A : うん。
5B : 何かこれ(創作過程の展示)を見たときにね,何かすげぇ普通だなと思った。(中略)何かさ,うちらがその,就活でもそうだしちょっとした卒論とかでもそうだしさ,何か,考える時に考えるのと同じような考え方で考えている。身近に感じるようになった(笑)

「創造には生まれながらの感性やひらめきの才が必要」というイメージは,そのような発想ができない人を,「自分には関係がないもの」と遠ざける。Adobeが2016年に中高生に行った調査から,我が国の生徒は他国と比較し,自らを創造的だと回答した割合が著しく低いことや,「創造的であることは特別なこと」と考える割合が高いことが明らかになっている[15]。このような傾向の背後にも,学校教育の中で創造活動の過程に触れたり経験したりする機会がないことや,上記のステレオタイプが存在している可能性が考えられる。

さらに言えば,ステレオタイプを緩和することの効果は,創造活動のみならず,鑑賞活動や文化との関わり方にも影響を及ぼす可能性がある。例えば,「アーティストは類まれな感性やひらめきによって作品を作っている」という認識を持っている場合,鑑賞時に,作品から積極的に何かを読み取ろうとしたり,じっくりと思考したりという活動は生起しにくいだろう。逆に,アーティストが我々と同じように現実世界に対峙し,その中で様々な着想を得て,思考を重ねた末に表現というアクションを行っていると捉えることで,作品との向き合い方は全く変わるだろう[16]。これらのことから,創作プロセスに触れるという活動は,創造とともに鑑賞を促す上でも強力な教育的ポテンシャルを有していると考えられる。

（2）美術のイメージに関する質問紙調査

　上述の実践研究より,「創作プロセスに触れる」という経験は,創造性神話等のステレオタイプの緩和を促すこと,さらには,創造活動を身近に感じさせる可能性を有していることが示唆された。しかしながら,アクションリサーチや実践研究の方法論的限界として,知見の一般化が難しいことが挙げられる。上述の内容も,まだ限られた鑑賞者・条件の中で見出された仮説と呼ぶべき段階のものであり,十分に検証されているとは言い難い。例えば,創造性神話のようなステレオタイプを形成している人は,実際にアートに対してネガティヴなイメージを形成していたり,表現や鑑賞に対する動機づけが低かったりするだろうか。

　上記の問いを検証するため,首都圏の大学・専門学生に通う学生約300名を対象に,創造に対するイメージや,表現や鑑賞に対するモチベーションを尋ねる項目群を含んだ質問紙調査を実施した[17]。多変量解析を用いた分析の結果は,概ね上述の実践研究の中で生成された仮説を支持するものであった。すなわち,「天才的なひらめきが必要」などといったステレオタイプを有している人ほど,表現に対する効力感が低く,またアートに対して「自分とは関わりがないもの」とネガティヴなイメージを形成している傾向があった。そして,それらはいずれも表現への低い動機づけと関連していた。これらのことから,創造性神話に代表されるステレオタイプは,間接的に創造活動を遠ざける要因となっている可能性が示されたと言える。

（3）アートプロジェクトを通した学び

　ここまでの研究は,創作プロセスに触れるというアプローチから,アートや創造に対するイメージを変えることを試みた一方,必ずしも創造に関わるスキルや態度を直接獲得させようというものではなかった。それらを目的とした場合,展示やワークショップなど,比較的短い時間の,あるいは単発の介入では限界があり,継続的なプログラムをデザインする必要がある。そこで,千葉大学の神野真吾氏が展開していたアートプロジェクト,「千葉アートネットワーク・プロジェクト（WiCAN）」（以下,WiCANと記す）に2011年より参加し,アーティストとの協働活動が持つ可能性を探った[18]。

　WiCANは,大学発のアートプロジェクトとして様々なユニークな特徴を有している。第一に,芸術系の大学や学部ではなく,総合大学の教養教育の授業として位置づけられていることが挙げられる。それゆえ,多様な学部に所属する学生が参加し,中にはアートに関わる知識・経験をほとんど持たない者も少なくない。第二に,そのような理由もあり,アーティストと協働を行う前に,ワークショップの体験や地域コミュニティで活動する機会などを設け,プロジェクトを展開するために必要となる知識・スキルなどを学ぶことができるような年間の計画を設計している。また招聘するアーティストにも,ただ作品を作るのではなく,大学の授業の一環としての教育的目的を理解してもらっている。そして第三に,最も強調したいこととして,アートの実践を通して多様な場面で生かされるような創造的な眼差しを促すことを視野に入れ,「創造的思考」のモデルを構築し,それに基づいてプロジェクトを設計していることが挙げられる（図2）。このモデルは,神野氏と筆者が,様々なアーティストやクリエイターと

活動を行うなかで観察してきたプロセスを基に、認知科学的な知見も参照しつつ、幅広い領域の活動に適用可能なように配慮し、構築したものである[19]。モデルは六つのフェイズからなり、それぞれ行きつ戻りつしながら進行していく。

ここで、デザイン研究（design-based research：DBR）という学習科学の方法を紹介しておきたい[20]。デザイン研究とは、理論と実践は切り離せないものという前提に立ち、デザイン・実践・分析評価のサイクルの中で、理論・実践双方の知見の精度を高めていくというものである。より具体的には、理論（デザイン原則）やそれまでの知識・経験に基づいて、まず実践をデザインする。デザインした実践を展開しながら、並行して実践の過程や成果を評価・リフレクションし、もしうまく機能していない部分などが同定されれば、実践に修正を加える。その後も、次のデザイン・実践・評価のサイクルを繰り返し、理論・実践両者を洗練させていくというものである。この時、実践の評価はそれ自体が目的ではなく、あくまで実践をより良いものにしていくための手段となる。したがって、実践をより精度の高いものへと修正していくための示唆が得られやすいような方法で、評価を行うことが重要だと言える。

筆者の研究の話に戻ろう。筆者らは図2のモデルにあてはめながら、このデザイン研究に近い過程で、WiCANの活動を設計・実践し、並行してプログラムの中での学生の学びを評価し、リフレクションを行った。ここでいう評価の方法には、アンケートや個別のインタビューのほか、実践の過程や学生の活動の様子の観察も含まれる。WiCANでは、年度ごとに異なる領域のアーティストを招聘し、年度ごとにメインの活動は全く違った形態のものになるが[21]、年間の活動全体として、より効果的なプログラムの在り方を探り続けた。

このプロジェクトを重ねていく中で見えてきたこととして、自らの感覚に向き合い、その気づきに基づいてリサーチをし、思考や意味づけを深めていくプロセスを、アーティストは特に重点的に学生たちに

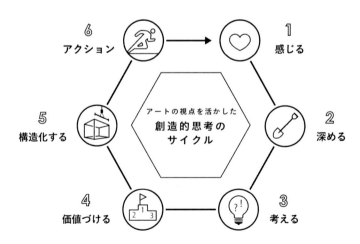

図2: アートの視点を活かした創造的思考のサイクル

体験させていたことが挙げられる[22]。これは図2のサイクルに当てはめると,前半の「感じる」「深める」「考える」の部分に該当する。

　ゲッツェルズ(Getzels)ら[23]は,アートスクールにおける大規模な実験や調査から,「何を作るか」を考えるのに時間を費やし,作りながらプランを柔軟に変更していた学生ほど,将来的にアートの領域で成功していたことを同定した。そしてその結果から,アートの創造性の本質は,問題解決の手前にある「問題発見」にあることを指摘している。一般に美術の授業では,手を動かして作る活動に時間が割かれがちである。しかし創造性の教育という意味では,日常や社会の問題等を通じて感じたこと,触発されたことについて,リサーチの中で深め,自ら意味づけをし,相応しい表現の形を考えていく過程をより重視すべきだと言えるだろう。

　またその問題発見の過程の中でも,学生が「深める」活動を特に苦手にしており,それゆえにその支援のためのプログラムを加える必要性なども同定された。美術に限らず,学校教育の中では,着想したアイデアをそのまま表現する機会は多いと考えられる。他方で,情報や文献を調べる活動が取り上げられる場合は,それ自体が目的となりがちで,自らの気づきを膨らませたり,深めたり,検証したりする手段として行われることは多くない。これはアートの活動に限らず創造の重要な一側面だと言え,より取り上げられていくべきだと考えられる。

4………今後に向けて

　ここまで,筆者が展開してきた研究について,特に技法に焦点を当てて紹介してきた。最初に述べたように,心理学的なアプローチには「実証」という部分に大きな特徴がある。授業実践に関わる研究も,ただ開発・実施したものを報告するのではなく,理論に基づいて設計し,体験の過程や成果を検証することが求められ,それによって実践・理論双方の精度を高めることを試みている。このようなアプローチは,美術教育研究の一つの方法として,もっと増えてしかるべきであろう。

　現状において,図画工作や美術を扱った教育心理学的な研究は極めて少ない[24]。その理由の一つには,学習目標が他教科に比べ明確に設定されていなかったり,曖昧であったりするという問題があるように思われる。実践の評価・検証は第一に,それぞれの目標に応じてなされる。したがって,美術教育において実証的なアプローチの研究を増やしていくには,当該の授業が目標とすること,すなわち,その実践を通して児童・生徒に何を体験させたいのか,どのような力を身につけて欲しいのかを具体化していくことが重要になると言える。

　なお目標や評価に対して,「画一的なものさしで測るもの」というイメージを持つ者もいるかもしれない。しかし評価の方法は,一つの目標への到達度という枠組みによるものだけではない。学習者の体験や反応の多様性を尊重する形で,実践を評価したり,リフレクションしたりすることも十分に可能である。例えば,多くの美術の実践の中では,学習者がそれぞれの方向に触発され,考えを巡らせ,表現につなげていくことが歓迎される。そのような実践においては,児童・生徒の体験や活動

のプロセスに着目することで，個々がどのように探究を行ったかを追跡できる。その中で，意図した活動が十分に展開していなかった部分を特定できたり，逆に予想していなかった面白い反応を拾い上げたりできると考えられる。そのフィードバックを受け，授業のデザインに修正を加えることで，実践の精度はさらに高まっていくだろう。美術教育研究が，ただ授業方法を「ネタ」としてストックするのではなく，美術の学習に関わる理論を学会コミュニティの中で協同構築・精緻化していくために，授業の目標を明確にした上で，実践のデザイン・実施・評価のサイクルを回していく研究が，今後より浸透していくことが望まれる。

　最後に，筆者も含めた今後の課題を示しておく。第一に，美術教育の授業実践がもたらす効果のエビデンスを十分に示せていないことが挙げられる。芸術科目の時間数や，文化予算が削減される背景には，芸術教育や文化の意義が社会の中で十分に理解されていないことが一つの理由としてあると考えられる。このような状況の中で，美術教育の意義を発信していくためには，具体的な効果のエビデンスを得ることも必要になると言える。しかし海外の研究を含めても，芸術を通した体験が他の場面に転移するのか，その後にどのように生かされるのか，未だ十分に示されていない[25]。筆者のような美術教育に関わる心理学者は，そこにアプローチする役割があると考えている。

　第二に，学校と社会における美術を結びつけてゆくことの重要性を指摘しておきたい。学校で扱われる美術と，社会における美術との間に大きな乖離があることは，これまでにも指摘されてきた。さらに現行の美術教育下では，少なくない割合の児童が，表現や創造に対するステレオタイプを形成し，また苦手意識を形成しているというデータがある[26]。生涯学習の視点から，長く人生にわたって芸術文化と親しむ人を育むと考えた時，そのような乖離や低い効力感は弊害しかもたらさない。美術館には，過去の様々な表現の探究の社会・歴史的な蓄積がある。また本章でも示したように，アーティストは教員とは異なる，創造のスペシャリストとしての知識や経験を有している。他方で，学校の美術教育においてこそできること，すべきこともあるだろう。年々，美術館やアーティストと学校とが連携した活動は活発になっているように思われるが，社会の中にある様々な美術の学びの場が，それぞれの強みやポテンシャルを活かしつつ，より有機的につながっていくことを期待したい。

［註］

1）例えば，Sternberg, R. J., & Lubart, T. I. "The concept of creativity: Prospects and paradigms," in R. J. Sternberg (Ed.), *Handbook of creativity*, New York: Cambridge University Press, 1999, pp.3-15.

2）Kaufman, J. C. & Beghetto, R. A. "Beyond big and little: The four C model of creativity," *Review of General Psychology*, 13, 2009, pp.1-12.

3）ワイスバーグ（R. W. Weisberg），大浜幾久子訳『創造性の研究：つくられた天才神話』リクルート出版, 1991.

4）Nickerson, R. S. "Enhancing creativity," in R. J. Sternberg (Ed.), *Handbook of creativity*, New York: Cambridge University Press, 1999, pp.393-430.

5）Nickerson, 同, pp.393-430.

6）グリフィン（P. Griffin）・マクゴー（B. McGaw）・ケア（E. Care），三宅なほみ監訳『21世紀型スキル：学びと評価の新たなかたち』北大路書房，2014.

7）縣拓充・岡田猛「創造の主体者としての市民を育む：『創造的教養』を育成する意義とその方法」『認知科学』第20巻，2013, pp.27-45.

8）Amabile, T. M. The social *psychology of creativity*, New York: Springer, 1983.

アマビール（T. M. Amabile），須田敏子訳「あなたは組織の創造性を殺していないか」『Diamondハーバード・ビジネス』第24巻第3号，1999, pp.130-143.

9）縣拓充「アートプロジェクトから学ぶ教養としての創造的思考」，佐藤智子・高橋美能編『多様性が拓く学びのデザイン：主体的・対話的に他者と学ぶ教養教育の理論と実践』明石書店，2020, pp.165-200.

Agata, T., & Jinno, S. "Developing university students' creativity through participation in art projects," in K. Komatsu, K. Takagi, H. Ishiguro., & T. Okada (Eds.), *Arts-Based Methods in Education Research in Japan,* Leiden, Netherlands: Brill, 2022, pp.185-209.

10）縣・岡田, 前掲 註7), pp.27-45.

11）現・東京大学大学院教育学研究科の岡田猛教授の研究室。

12）縣拓充・岡田猛「美術創作へのイメージや態度を変える展示方法の提案とその効果の検討」『美術教育学』第30号, 2009, pp.1-14.

13）Leinhardt, G., Crowley, K., & Knutson, K. *Learning conversations in museums*, Mahwah, NJ: Lawrence Erlbaum Associates, 2002.

Leinhardt, G., & Knutson, K. *Listening in on museum conversations*, Walnut Creek, CA: Altamira Press, 2004.

14）ワイスバーグ, 前掲 註3)

15）Adobe「教室でのZ世代:未来をつくる」2017.〈http://www.adobeeducate.com/genz/creating-the-future-JAPAN〉, 2021年12月15日閲覧。

16）もちろん、芸術の鑑賞活動において、鑑賞者が作者の意図を正確に読み取ろうとする必要性はなく、作品解釈は多様に開かれている。しかし鑑賞者自身も何らかの創造活動に触れた経験を持ち、作品制作がどのようになされているかをある程度知っておくことは、芸術作品と深くインタラクションをするための必要条件の一つだと考えられる。

17）縣拓充・岡田猛「美術の創作活動に対するイメージが表現・鑑賞への動機づけに及ぼす影響」『教育心理学研究』第58巻, 2020, pp.438-451.

18）WiCANは、アートが地域社会の中で果たしうる役割を実践の中で探究することを目的に、千葉大学，千葉市美術館，まちづくりNPOなどの連携によって進められている活動である。筆者は、千葉大学に在籍した2011年4月から2018年3月までWiCANの副実行委員長を務めた。

19）縣, 前掲 註9), pp.173-177., Agata & Jinno, 前掲 註9), pp.189-192.

神野真吾・山根佳奈・縣拓充 監修『WiCAN2012 Document』千葉アートネットワーク・プロジェクト, 2013.

20）バラブ（S. A. Barab），大浦弘樹・大島純訳「デザイン研究:変化をもたらす方法論的道具」ソーヤー（R. K. Sawyer），森敏昭ほか監訳『学習科学ハンドブック［第二版］第1巻:基礎／方法論』北大路書房, 2018, pp.127-143.

21）例えば筆者が在籍した2011年度から2018年度の期間だけでも、現代美術家のほか、建築家，映画監督，舞台音楽家，演出家など、多様な領域のアーティストを招聘している。

22）縣, 前掲 註9), pp.194-195., Agata & Jinno, 前掲 註9), pp.205-206.

23）Getzels, J. W., & Csikszentmihalyi, M. *The Creative vision: A longitudinal study of problem finding in art*, New York: Wiley, 1976.

24）我が国における、近年の芸術表現に関する心理学的研究の全体像に関しては、下記の展望論文に詳しい。

岡田猛・縣拓充「芸術表現の創造と鑑賞、およびその学びの支援」『教育心理学年報』第59集, 2020, pp.144–169.

25）OECD教育研究革新センター『アートの教育学:革新型社会を拓く学びの技』明石書店, 2016.

26）Adobe, 前掲 註15)

降籏孝「図画工作・美術への〔苦手意識〕の実態と解消のための要素:目指すべき造形美術教育の教育コンテンツ開発に向けて」『美術教育学研究』第48巻第1号, 2016, pp.369-376.

幼児の描く姿に惹かれて

若山育代
WAKAYAMA Ikuyo

1………はじめに

保育実習で幼児が絵を描く姿を見てから、筆者は幼児の絵の魅力に惹かれて研究を続けてきた。筆者が研究を通して目指してきたのは、エビデンス（科学的根拠）に基づく幼児の描画実践である。もともと筆者は保育所保育士になりたいと思っていた。そのため、「保育士は幼児の描画にどうかかわるべきなのか」、この問いに対するエビデンスに裏付けられた答えを得たいと思ってきた。本章は、そのような筆者の研究の道のりを、大学生まで遡って紹介するものである。

2………幼児の描画との出会い

大学2年の保育実習中の出来事である。子どもたちが好きな遊びを楽しんでいる時間に、筆者がふと保育室全体を見渡すと、絵を描いているY児に目がとまった。Y児は真剣な表情で、没頭して絵を描いている。描いているものは、どうやら、彼が想像した昆虫のようである。お絵描き帳のページを真剣に見つめ、周りの音も耳に入らない様子でマーカーを動かし、色を選び、集中して描いている。Y児のこの姿を見て、幼児にとって描画は心を動かす魅力的な活動なのだと知った筆者は、幼児の描画を研究したいと考えるようになった。

保育実習を終えて大学に戻ると、幼い子どもの描画は心理学で盛んに研究されていると指導教員から教わった。指導教員のアドバイスをふまえ、筆者は、幼児の描画に関する心理学の文献を探した。当時、筆者が読んだもののなかで印象的なテキストがある。それは『子どもの絵の心理学』[1]である。このテキストで筆者は、幼児の描画が心理学の観察や実験的な手法で実証的に研究され、その発達の過程が明らかにされていること、また、幼児の描画の発達には保育士など大人の関わりが重要であることが、研究成果に裏付けられて証明されていることを知った。

筆者は、『子どもの絵の心理学』で紹介されていた研究者のように、実際にデータをとって客観的にエビデンスを示した上で、幼児の描画の発達的意義や、幼児の描画における保育士の重要性を自分なりに主張したいと考えた。なぜなら、科学的な手法で得たエビデンスは、筆者にとって、とても説得力のあるものに感じられたからである。そのため、筆者はそれを実現するために心理学の大

学院へ進学することを決めた。

　ところで,この時,いくつかのテキストを読み進めるなかで,描画という活動が非常に複雑な営みであることも知った。幼児が絵を描くときには,画面に点や線を描くという技術を使うほかに,それらの点や線を視覚や触覚等で知覚したり,描くものに対する知識を呼び起こしたりなどする[2]。

　では,上述したY児のように,想像的な思考を働かせて描くような,特に認知的な営みを活発にさせる描画には,他にどのようなものがあるのだろうか。また,その描画が子どもの想像的な思考を特に活発化させる活動だと,どうすれば実証することができるだろうか。筆者は,描画が幼児の発達において重要な活動であることを示したいと思い,これらの疑問についても心理学的にアプローチしたいと考えた。

3………見立て描画の研究

(1)ぶつかった壁
　大学院へ進学したものの,筆者は二つの壁にぶつかった。一つ目は,保育士の関わりが重要なことはわかったが,では,その「保育士の関わり」とは何か。「保育士の関わり」と言っても,言葉をかけるなど直接的なものから,環境を整えるなど間接的なものまで多様である。また意欲を持たせたり思考を広げたりなど,関わりの機能にも多々ある。その保育士の多様な関わりの中で,筆者が焦点を当てるべき関わりとは何なのか。

　二つ目は,想像的な思考を働かせる描画とは何か。Y児のように想像上の昆虫を描くこともあれば,飼っているオタマジャクシを擬人化して描くこともある。どれも実際には存在しない対象を描く,想像的な描画である。

　ところで,研究対象とする描画を決める際に,筆者の頭にあったのは,描画に対して苦手意識をもつ幼児の存在であった。保育実習や保育所での保育補助,ベビーシッターや非常勤保育士をするなかで筆者が出会ってきた子どもたちの中には,描画に苦手意識をもつ幼児が少なからずいた。そのような幼児にとっては,Y児のように想像上の昆虫をイメージして描くことは難しい。だが,研究をする以上,協力者の幼児にはその絵を描いてもらうように求めることになる。その時に,その子どもが,筆者が求めた絵を描くことに対して嫌な思いをしたり,描くことに対して自信をさらになくしたりしたら悲しい。だから,どの子どもも楽しめる描画で,かつ,実証研究に適したものはないかと悩んでいた。

　そうして悩み続けても,研究は全く進まなかった。保育士のどのような関わりに焦点を当てるのか。どのような描画を研究の対象とするのか。答えがでないまま,挙句の果てに,当時の指導教員からは,「幼児の描画の実証研究は難しいので,研究テーマを変えてみては」というアドバイスまでされてしまった。このままでは課程を修了できないと思われたのであろう。眠れない日々が続いたが,描画以外を研究テーマに選びたくはないという意志だけはあったため,考え続けた。

(2)保育士の言葉がけをパターン化する

　考え続けるうちに、筆者は、「保育士の関わりが多様ならば多様であることを示せばよい」と考えるようになった。筆者は無意識に、幼児の想像に影響を及ぼす保育士の関わりを一つに絞ろうとしていた。一つの問いには一つの答えしかないという先入観にとらわれていたのだと思う。

　筆者がそう思っていた理由として、一つのエピソードがある。保育実習中に筆者が行った実践で、落ち葉を拾ってきて画用紙に貼り付け、秋の色を楽しむという活動があった。秋の自然を見つけ、その美しさを楽しんでほしいと思って計画した活動であったが、導入で筆者は、「みんな、どれだけ落ち葉を見つけられるかな？」と発言してしまった。筆者のその言葉で、子どもたちは自然の美しさなどの質ではなく、「量を集める」ことに気が向いてしまった。この経験は、一つの言葉が一つの結果を導くというもので、それが筆者の意識を「一つの問いには一つの答え」と方向づけてしまったのだと思う。

　しかし、改めて考えてみれば、たった一言が実践を成り立たせているわけではない。実践のなかでは保育士はたくさんの言葉がけをしている。筆者自身も、先ほどの落ち葉の実践で、問題となった言葉がけ以外にも多様な言葉がけをしていた。そこで、筆者は、幼児が想像を広げて描いたりつくったりする場面で保育士が用いる関わりには多様なものがあるとして、保育士の言葉がけをパターンに分類することにした。

　さっそく筆者は先行研究を整理し、保育士の言葉がけにはどのようなパターンが想定されるのか、仮説モデルを作成した。すると保育士が行う多様な言葉がけは、大きく3パターンに分類可能であることが想定された。その仮説に基づき、実際に複数の園の描画活動を観察して保育士の言葉がけの観察データを得たところ、仮説が支持され、「見守り型」「概念くずし型」「モデル提示型」の3パターンがあることを実証することができた[3]。

(3)見立て描画を取り上げる

　次に筆者が考えなければならなかったのは、どの子どもも苦手意識を感じずに想像して描くことを楽しめる描画で、かつ、実証研究に適した描画とは何か、であった。結果として筆者は、見立て描画を研究対象の描画とすることに決めたが、そこに至るまでも試行錯誤だった。初めは、子どもに「なんでも自由に描いてごらん」と伝えて描いてもらうことを考えたが、それでは上述したように苦手意識がない子どもでも描くことをためらうかもしれないし、それが想像して描いたものであると判断することが難しい。ヴィゴツキーは、イメージ同士を組み合わせ、新しい何かを作り出すことを想像と定義している[4]。それを受けて筆者も、こいのぼりの線画を用意して、塗り絵をしてごらんと言い、そこに何かを描くか調べてはどうだろうかとも考えた。しかし塗り絵を渡されれば、ふつうは色を塗るだけで終えるだろう。何かを描くことを期待するなど、的外れである。このように筆者の描画の選択は難航を極めた。そして、またしても筆者は、「描画の研究にならないではないか」と指導教員から厳しい言葉をかけられるのであった。

そんな時, 行き詰った筆者は, 気分を変えようと幼児向けの描画にはどのような楽しい活動があるのだろうかと美術教育のテキストを読んでみた。すると, そのなかにイメージをふくらませる活動として「見立て」が紹介されていた[5]。筆者は, 「これだ」と思った。見立てて描く行為は, そこにあるものを使ってそこには存在しない別のものをイメージすることであり, ヴィゴツキーが定義した想像にも当てはまる。それに, 見立て描画であれば, たとえ描画に苦手意識があっても, 発見の興奮だけでも楽しめるし, その発見を少しの点や線で描けば楽しい描画になる。実際に保育所等でもよく行われる活動でもあるし, これはどの子どもにとっても魅力的な活動だと直感した。

(4) 数値化する

見立て描画を研究対象として決めたあと, 今度は, 筆者は数値化という課題と向き合うことになった。「見立て」という行為自体は, 「材料から発想したりイメージをふくらませたりする」行為である[6]。この行為の何を数値化するかを考えたときには, 幼児が見立て描画を描くことができたかどうかという「成功/不成功」児の数をカウントすることがまず思い浮かぶ。そうすれば, 幼児が「材料から発想したりイメージをふくらませたり」していることを実証することができるからである。

しかし, それでは足りない気がした。調査に協力する担任保育士は, 「成功/不成功」の人数を報告されるだけでは「調査に協力してよかった」と思わないのではないか。担任保育士は, クラスの幼児が見立て描画を描いた際に, 幼児が自分なりのエピソードやエッセンスを見立て描画に加えたか, つまり, 見立て描画でユニークな発想をしたりイメージをいきいきと広げたりしたかどうかを知りたくなるのではないか。

筆者は, 担任保育士が興味をもつことを数値化したいと考えた。そこで筆者は, 幼児の見立て描画における想像的及び情緒的表現を数値化することにした[7]。筆者は, 図1のような意味を持たない線画を4歳児と5歳児に提示して見立て描画を描くように求めた。1枚の無意味線画が印刷された用紙を子どもに渡し, 子どもが終わりと思うまで描いてもらった。そして, 描いた絵の中に, 想像的および情緒的表現がいくつ見られたかをカウントした。

想像的表現とは, 「雪を出す車」などのように, 無意味線画に対して「車」という見立てを行うだけでなく, そこに「雪」などのような別のイメージを組み合わせることを意味する。情緒的表現とは「怒っているクジラ」などのように, 無意味線画に対して「クジラ」という見立てを行うだけでなく, そこに「怒り」などの感情を付与することを意味する。これらの表現の数をカウントすることによって, クラスの幼児が自分なりのエピソードやエッセンスを見立て描画に加える様子を数値で示したのである。

筆者はこの研究を行う際に, 4歳児と5歳児が見立てを行う際に有効と考えられる2種類の言葉がけを設定していた。一つは図1のような無意味線画を, 例えば「クジラ」のように輪郭線としてとらえさせる言葉がけである。もう一つは, 図1の線画を「開

図1: 使用した無意味線画

いている口」のようにパーツとしてとらえ、その外に新たな輪郭線を想像させる言葉がけである。先行研究から導かれる仮説では、4歳児には前者の言葉がけが、5歳児には後者の言葉がけが見立て描画時には有効であることが想定された。

　研究の結果、仮説は支持され、4歳と5歳はそれぞれの言葉がけをされたときに、見立てにおいて想像的及び情緒的表現を多く描くことがわかった。筆者は、この結果を担任保育士に報告した。すると、担任保育士は大変喜び、見立て描画をクラスの子どもたちと一緒に描いてみたいこと、2種類の言葉がけを自分のこれからの言葉がけの参考にしたいこと、クラスの子どもたちの発想の面白さも大変興味深いと感じたことを話してくれた。

（5）幼稚園での見立て描画の実践

　見立て描画の研究を始めてしばらく経つと、筆者は、幼稚園等の実際の生活のなかで見立て描画が活動として展開されやすくなることを考えるようになった。それまでの筆者の研究では、保育所等の応接室等をお借りして、そこに一人一人幼児を呼んできて、個別に見立て描画を描いてもらっていた。

　このような個別の描画は、実際の保育の場面ではほとんど行われない。多くの場合、数名から数十名の幼児が一緒になって、他児と関わりながら描くことが一般的である。また、1時間ほどの時間をかけて、導入から展開、まとめと一連の過程で活動として行われる。こうした実態を踏まえ、筆者もまた、1時間ほどの活動として展開でき、かつ集団のなかで幼児が他児と関わりながら、多様な素材を用いて行う、実際の見立て描画の活動を研究対象としたいと思うようになった。

　そこで筆者は、現所属の附属幼稚園で教諭と子どもたちの協力のもと、幼稚園の園庭の自然物

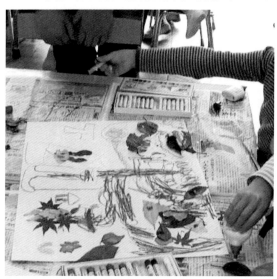

を用いた見立て描画の活動を実践した[8]。導入では、上述した2種類の言葉がけを4歳児と5歳児に行った。それにより幼児たちは次々と多様な見立てを行い、ユニークな作品がたくさん作られた。また、見立て描画を楽しむ過程で、これまで筆者が行った個別の実験的な研究手法では見えてこなかった4歳児と5歳児の姿の観察データを得ることができた。それは、幼児が友達と見立てを共有し、自然物に対する新たな見方を獲得していく過程であった。

4歳児グループによる園庭の自然物を用いた見立て描画

(1)クロスカテゴリーの絵を楽しく描けるだろうか?

見立て描画の研究を行っていたころ,筆者は,幼児の複合名詞の理解について研究するグループに所属していた。複合名詞とは,「サメホッチキス」のような,名詞と名詞からなる名詞句のことである[9]。この研究で,年少児から年長児にかけて次第に幼児が「サメホッチキス」がホッチキスであることを理解していくことを目の当たりにしたことで,筆者は,それならば幼児が複合名詞の対象を描くこともできるのではないかと思うようになった。

加えて,その当時筆者は,幼児がクロスカテゴリーの絵が描けることを実証した論文を読んでいた。クロスカテゴリーとは,例えば「家と人間」のように,異なる概念カテゴリーを組み合わせて,「家人間」というこの世に存在しない何かをイメージすることである。それまで難しいだろうと思われていたものの,幼児はクロスカテゴリーの絵を描くことができることが明らかにされていた[10]。

しかし,筆者には,描画に対する苦手意識がある子どもにクロスカテゴリーの絵を描くように求めた場合,ストレスを感じるのではないかという不安があった。筆者の研究に協力して,子どもを嫌な気持ちにさせることは絶対に避けたい。実際,先に紹介した論文でも,クロスカテゴリーの絵については,年長児の描画は小学生と比べると,部分的で微細な絵になるようだった。もしかしたら,その研究に協力した幼児のなかにも,自信なく描いた幼児がいたかもしれない。

筆者は,どうにかしてクロスカテゴリーの描画過程を明らかにして,保育士の援助の在り方を模索し,楽しい描画活動として保育実践の展開につなげたかった。だが,どうすれば,協力してくれる年長児全員がクロスカテゴリーの絵を,自信をもって描けるのか。筆者はその当時,一緒に研究をしていたメンバーにこのことを話してみた。すると,メンバーは,「友達と描けばいいんじゃないかな」と言ってくれた。確かに,自分が描くことが苦手でも仲の良い友達と一緒であれば,助け合うなどすることができるだろう。そこで,年長児のペアによる「お化けトラック」の描画過程を研究対象にすることとした[11]。

(2)幼児の協同による「お化けトラック」の描画過程

年長児ペアに「お化けトラック」を描くよう求めたところ,年長児のペアは,描画の過程で,描いたものを使って相手に働きかけるというユニークなやりとりをしていることが明らかになった。具体的には,一方の幼児が,「お化けトラック」を描いて相手のペア児を驚かせようとする姿がみられた。その驚かせようとした幼児は,こそこそとペア児に見えないように「お化けトラック」を描き,それを描き終えると,手で隠し,「ばぁ」とそれを相手に見せたのである。見せられたペア児は,それを見て「うわぁー」と言って怖がり,床に倒れた。その後は,倒れたペア児も同じように「お化けトラック」を描き,二人で脅かし合いながら,1台の「お化けトラック」を完成させた。

事例的な観察データではあったが,幼児がクロスカテゴリーの絵を協同して描く過程を可視化することができた。こうした過程が明らかになることで,想像的なテーマの絵を保育実践として取り上

げる際の保育士の援助のありかたを議論できると考えている。

年長児ペアによる「お化けトラック」

5………終わりに

　筆者はこれまで, エビデンスに基づく描画実践を目指し, 心理学的な手法でデータを得てきた。そして, それらのデータを得るときに, 筆者は, 理論や先行研究の知見だけでなく, 描画実践の場に身を置く人が日々, 感じたり考えたりしているだろうことに目を向けながらデータを収集するようにしてきた。

　そのようにしてエビデンスを得ようとする筆者の手法だけが正しいとはもちろん思ってはいない。ただ, 大学生のころに読んだテキストで紹介されていたデータのもつ力強い説得力は, これからも筆者の心に残り続けるだろうと思っている。そして, 冒頭で紹介した集中して絵を描くY児の姿や, これまで関わってきた幼児や保育士の声は, 筆者の描画研究の手法の選択に影響を及ぼし続けるだろうと考えている。

［参考情報］

Ellen Winner, Thalia R. Goldstein and Stéphan Vincent-Lancrin *Art for Art's Sake? The Impact of Arts Education,* OECD's Centre for Educational Research and Innovation, 2013,〈https://read.oecd-ilibrary.org/education/art-for-art-s-sake_9789264180789-en#page1〉, 2022年2月7日閲覧。
描画の他、音楽や身体表現など、幼児の多様な表現に関する実証研究のレビューレポート。

Antonio Machon *Children's drawings The genesis and nature of graphic representation a developmental study,* Fibulas publishers, 2013.
乳幼児の描画の発達的な特徴とその変化について、詳細な事例をもとに丁寧に分析した心理学のテキスト。

［註］

1）ワロン・エンゲラール・カンビエ（Philippe Wallon, Dominique Engelhart & Anne Cambier）, 加藤義信・日下正一訳『子どもの絵の心理学』名古屋大学出版会, 1995.
2）Ellen Winner, *Development in the Arts: Drawing and Music,* in William Damon and Richard M. Lerner, ed., *Handbook of Child Psychology Sixth Edition,* John Wiley & Sons, Inc., 2006, pp.859-904.
3）若山育代「幼児の造形的なイメージの広がりを導く保育士の発話媒介行為の分析：既有知識と具体的対象の統合力に着目して」『美術教育学』28, 2007, pp. 397-411.
4）ヴィゴツキー（Vygotsky Lev Semenovich）, 広瀬信雄訳・福井研介注『子どもの想像力と創造』新読書社, 2002, p.21.
5）奥 美佐子「変わった形の紙」, 花篤實監修, 永守基樹・清原知二編『幼児造形教育の基礎知識』健帛社, 2001, p.110.
6）奥, 前掲註5）, p.110.
7）若山育代「どのような言葉かけが幼児の発想を支援するか?：見立て絵にみられる4歳児と5歳児の想像的・情緒的表現に着目して」『美術教育学』29, 2008, pp.631-643.
8）若山育代「自然物を使用した4歳児と5歳児の見立て絵活動の実践研究：他者との関係の中で獲得する素材に対する多様な見方に着目して」『美術教育学』32, 2011, pp. 465-477.
9）藤木大介・若山育代・徳永智子・関口道彦「幼児の複合名詞の理解の発達機序」『日本心理学会第73回総会発表論文集』2009, p.942.
10）江尻桂子「子どもの描く想像画：その発達と教示による効果」『発達心理学研究』5（2）, 1994, pp.154-164.
11）若山育代「年長児の非再現的協同描画における協同性の事例研究：非再現的協同描画の支援を目指して」『美術教育学』31, 2010, pp. 415-427.

美術教育と特別支援教育と私のあいだで生まれる研究

池田晄志
IKEDA Satoshi

1………個人史と研究

　通常私達が学術論文を読む場合,著者の人生に目を向けることはほとんどない。読者の多くは導出された研究成果の新規性,論理性,また学術的・社会的意義に注目し,自身の研究への援用可能性を探る。ただし,哲学者でジェンダー理論家のジュディス・バトラー(Judith Butler)は,「著述家として生きる人は,一つであれ複数であれ,なにか理由があって書くようになる」[1]とし,著された内容の意図を知るために著者の人生に目を向けることを推奨している。バトラーの指摘の通り,論文の著者は冒頭で記述する研究の背景や問題の所在以前の"書く理由"を持っているかもしれず,当該分野を研究対象にした私的な理由があるかもれない。そのような,著者が持つ初期的な動機と研究との距離感は,学術論文からは窺い知ることができない。

　筆者は主に,障害のある人達の美術教育を研究のフィールドとしている。その背景や理由について,決して隠していた訳ではないが,語る機会もなく,また語る必要もないと考えていた。しかし,バトラーが述べる通り,テーマ選択の背景や個人史を記述することで,これまで,そして今後公表する筆者の著作物と読者とのあいだに新しい関係が立ち現れるかもしれない。そこで,本章ではまず,研究テーマの選択に至る個人的な経緯から記述してみたい。

(1)特別支援教育との出会い

　生きていると,まるでフィクションのようなことが起こる。それが偶然なのか必然なのか,大仰にいえば,人知を超えた巨大な力に巻き込まれたような,そんな出来事に遭遇することがある。それは,人との出会いであったり,たまたま選んだ進路であったり,時に不遇な状況に追い込まれることだったりする。しかし,その出来事をきっかけに後の人生が大きく変わるといった経験は,多かれ少なかれ誰にでもあることだろう。

　そんな経験が私にもある。取り立ててドラマチックに語ることはしたくないが,少し聞いてもらいたい。私は,大学院修了から5年間,某女子大学の教育学科で非常勤講師をしていた。その後,2004年から養護学校(現在の特別支援学校)で働き始めた。では,なぜ養護学校で働くことになったのか,それには二つ理由がある。一つは,大学の非常勤講師が5年契約の最終年度を迎えたこと,そ

して, もう一つは, 上の子供が1歳半検診²⁾で要再検診になったことである。1歳半検診では, 指差しの出現による共同注意の有無が確認され, 自閉傾向がチェックされる。その検診に上の子供はひっかかり, 再検診となった。個人差の範囲だろうとたかをくくって保健師さんの面談に向かうと, 今度は小児精神の専門医に診てもらいましょうということになり, その結果, 発達はグレーゾーンで, 現段階ではどちらともいえませんので様子を見ましょうということになった。今, さらりと5行程度で経緯を述べたが, 当時20代半ばであった私と妻に対してこの宣告はまさに衝撃であり, 青天の霹靂どころか, 真っ青な空から落ちてきた雷が頭上に落下したような事態なのである。そこで, 次の仕事先を考えた時, (これは今考えると, 甚だ身勝手極まりないが,) 養護学校で働かせてもらえれば, 障害のある子供達と直接かかわることができ, 専門的な情報や知識も得られるだろうといった不純極まりない動機がこの世界に入るきっかけとなった。そこで, 早速複数の履歴書を書き, 近隣の市の教育委員会を訪れ, どうしても養護学校で働かせていただきたいとお願いをした。すると, N市から連絡があり, 臨時任用教員として1年間, N養護学校の講師の話をいただけた。これが, 特別支援教育 (当時はまだ特殊教育であった) とかかわる始まりとなった。

(2) 養護学校での美術の授業

　この, N養護学校での講師の経験がとびきり面白く, 魅力に溢れていたことが, 後の人生の舵を大きく切る契機となる。そこには, 特別支援教育を外側から見ていた時の, 暗く重苦しいステレオタイプなイメージを大きく覆す世界が広がっていた。子供達はかわいいし, 先生方もおもしろい。明るく活気に満ちた笑顔あふれる毎日なのである。また, 一番の魅力であったのは, 子供の実態に応じてオーダーメイドで授業が作られる点であった。重度・重複障害児と呼ばれる, 身体的, 知的に重い障害のある子供達がどうすれば楽しく自分の良さを生かしながら表現できるのか, 個別の実態に応じて授業を考案するのである。子供を始点として美術の授業の題材・教具・活動環境を考えることは極めて創造的であり, それは例えるなら毎回子供達から難題を与えられているようで, 授業で子供達が見せる (残酷なまでに) 正直な表情や行動で私達教員が評価されることがたまらなくおもしろかった。そして, 授業づくりはどこか作品づくりにも似ていて, いまだ見えない答えを見つけ出す探究的な営みのようにも思えた。この, N養護学校での教員経験は, どのような実態の子供でも表現活動が可能であるという, 美術が持つ懐の深さや包摂性を, 身をもって知る貴重な機会となった。このN養護学校での授業実践は, 幸運なことに教育美術佐竹賞で佳作賞をいただけた³⁾。また, N養護学校は研究指定校であったため, 当時京都大学に勤務されていた鯨岡峻先生から研究授業の助言者として直接指導をいただけたことも幸運であった。

(3) 2人目の子供に

　こんなに楽しいのであれば教員になろうと一念発起し, 30歳を前に教員採用試験を受験し, 無事合格できた。中学校美術での採用であったが, 希望がかない特別支援学校に配属された。こう

して,2005年4月からH支援学校で教諭として働くことになった。また,気がかりであった私の子供も,小児神経の先生との定期的な面談の中で,障害はなく個人差の範囲であるという診断を受け,一件落着となった。また,同年の8月には,第2子も授かった。

なんだかここまでの話を聞くと,順風満帆,万事うまくいっているような話に聞こえるかもしれない。しかし,採用が決まり,特別支援学校に配属となり,初任の学校で働き始めたその年に生まれた第2子に,なんと障害があった。今度は疑いようもなく,本物である。これまでの経験がまるで準備段階であったかのように,我が家に障害のある子供がやってきたのだ。そこから,職場でも家庭でも障害のある子供とかかわる生活が始まった。

下の子供は障害が重複しており,それは一度に,ではなく数年をかけて順番に分かっていった。最初に分かったのが潜在性二分脊椎という背骨と脊髄の障害で,こちらは生後4か月で行われた手術により身体障害は現れなかった。そして,1歳を前に聴覚障害が分かり,聴覚支援学校の幼稚部に入園した。さらにその2年後には,自閉症と知的障害が分かり(なお,この時診断してくださったのは,上の子供を診ていただいた小児神経の先生),3歳を前に療育センター[4]に入園し,その後,特別支援学校の小学部に入学した。振り返っても作り話のようだが,本当の話である。

親の立場と教員の立場の両方で障害のある人たちとかかわる生活は,本当に様々な気づきがあり,第2子,そして養護学校・特別支援学校の子供達,先生方,保護者の方から私達家族が気づかされ,教えられたことは計り知れない。また,当事者として生きていくことは,インクルージョンや共生社会に対する姿勢を徐々に形成していったとも思う。

2………特別支援教育と美術教育の複合領域の研究へ

長いイントロであったが,ここからようやく本書のテーマに近づけていきたい。初任のH支援学校での6年間の教員生活の後,公募により運よく広島大学に着任できた。広島大学大学院は単独で博士前期・後期課程を有し,学位取得を目指す大学院生が入学する。当然,教員は学生を指導できなければならず,そのためには自らも博士号の取得が必須となる。そのような経緯から,博士論文に取り組む機会に恵まれた。そこで,テーマを「重度・重複障害児のQOLを高める造形活動の指導理論に関する研究」[5]とした。もちろん,これまでの教員経験を生かせることが主な理由であったが,それと共に,ほとんど知られていない重い障害の子供達の造形活動で,教員はどのように子供の実態を捉え,関わり,指導上の工夫をしているのかを明示すること,そして,教員が個別指導で共通して活用できる造形活動の指導理論を構築することを研究目的とした。これらは,教員時代に明らかにできなかったことである。

足掛け5年かかり,400ページを超えた博士論文の構成は,第1部文献レビュー,第2部エスノメソドロジーを用いた質的研究,第3部アクション・リサーチとなった。第1部から3部までのどの段階も,まるで新雪の上を歩くような新鮮で魅力的なプロセスであったが,ここでは特に第3部のアクション・リ

サーチを取り上げ,論文には記述されなかった舞台裏を開陳してみたい。

(1)アクション・リサーチにおける二重の課題:重度・重複障害児の実態と分析の合理性

　アクション・リサーチ(以後,ARと記す)とは,研究者がフィールドに参与・介入し,仮説検証型の実践研究を行うことでフィールドの在り方を改善すると共に,学界への貢献をもたらす成果を産出する研究方法である[6]。一般的な進め方としては,仮説に基づく題材を開発し,収集データや分析方法を定め,研究協力の承諾を得て授業を実施し,収集したデータを分析することで仮説の有効性を検証する。そこで,重度・重複障害児を対象とした場合に立ちはだかった壁が3点ある。1点目は,データ収集の問題である。重度・重複障害児に対しては,本人への事前・事後調査や,質問紙調査,ワークシートやポートフォリオ等の作成,発話記録,そしてインタビューのすべてが難しい。この点は乳幼児研究とも一部共通する。2点目は,評価の問題である。重度・重複障害児の多くは身体障害と知的障害が重複しており,その程度や状態は一人一人全く異なる。場合によっては同一クラスに視覚障害の子供や医療的ケア対象の子供が含まれることもある。そのため,何をもって能力発揮できた状態とするのか,評価規準も一人一人異なり,クラスに在籍する子供全員に対して共通のルーブリックを用いた評価はできない。3点目は,日ごと,また時間ごとに子供のコンディションが変化する点である。例えば,午前と午後で体調が変わったり,服用している薬のわずかな量の違いで細かい発作が頻発したりすることがある。このように,子供の実態は安定した一定の状態として捉えることができず,ある程度長期的な観察と連続的な変化の把握を踏まえた実践の有効性の検証が必要となる。

　ARでは,これらの問題を解決する研究デザインの設定が課題となった。エリオット・W・アイスナー(Elliot W. Eisner)は,「多くの点で質的研究は,裁判での説得しようとする努力に似ている」[7]とし,研究デザインは,最終的には懐疑論者の疑念や攻撃に耐えられる論述の生成が目指されると述べている。博士論文では,用いた指導理論の有効性を判断するために,できる限り必要な状況証拠を集め,納得感のある合理的な分析を行うことが研究の要点となった。

(2)ミックス法による複合的検証

　博士論文の第3部では,造形活動における子供のQOL(Quality of Life)[8]向上を目指してARを実施した。紙幅の都合で詳細は説明できないが,ARではジョン・W・クレスウェル(John W. Creswell)のミックス法[9]を用い,量的データと質的データの収集・分析を複合的に行った。具体的には,量的手法として,実態が異なる子供の活動を評価するために,①QOLが高まった状態の定義,②個別実態に応じた評価のためのメタ理論の構築,③6段階の評価指標の開発,④授業のビデオ映像の活動単位ごとの分割,⑤評価指標を用いた各活動単位の評価,⑥担任教員による確認・修正,⑦評価結果の集計という手順で子供のQOLの高まりを評価した。また,担任教員に対しても質問紙調査を実施し,開発した題材や支援方法の妥当性と有効性について回答を

得た。また，質的手法として，鯨岡峻の「エピソード記述」[10]を援用し，3期・全22コマ行われた図画工作の授業から特徴的な場面を時系列で抽出し，第1次考察，第2次考察を行うことで，子供の変容と指導・支援の関係を描出した。そして，これら複数の量的手法，質的手法を複合的に組み合わせることで，仮説として提示した指導理論の妥当性を検証した。

　かなり省略して記述したので，少し分かりにくかったかもしれないが，美術教育の実践研究では，重度・重複障害児に限らず，何か一つの指標やテストを用いて効果の有無を示すことができない。そのため，複数のデータと分析方法を組み合わせて多角的な分析を行い，より妥当な成果を示す必要がある。その際，特定の方法がある訳ではなく，研究者は研究方法の選択やコーディネートを研究目的に応じて行う。その作業は極めて複雑であり，対象児，対象集団，実践する授業の目標，研究目的，収集可能なデータ，分析方法，そして研究の限界を総合的に考慮・判断して研究デザインを設計する。研究デザインの設計には，実践内容や研究方法に対する幅広い知見とそれらを適切に組み合わせる調整力，そしてアイスナーが述べる，読者を説得できる論理性や合理性が求められ，学術研究及び実践に有益となる成果の産出が目指される。このプロセスはまさに手探りであり，博士論文では何度も分析をやり直しながら最適なARの研究デザインを吟味した。

3………量的調査の必要性

　こうして博士論文を書き終えたが，実は執筆中に必要性を感じていた研究があった。それが，大規模な統計研究（サーベイ）である。その理由は，第1部の文献レビューの段階で，研究対象である美術教育と特別支援教育の複合領域に関する統計データが無かったためである。例えば，全国の特別支援学校ではどの程度の学校で美術の授業が行われ，それはどのような内容で，どのような先生方が担当をしているのか。また，担当している先生方は美術のどこに魅力を感じ，指導において何に難しさを感じているのかといった実態が調査されておらず，いわゆる全般的な傾向として現在何が起こっているのかが皆目分からないのである。しかし，当時の私には，そのような量的調査を実施する能力も時間もお金もなく，調査の実施は博士論文の完成を待つこととなった。

(1)なぜ美術教育では量的研究が積極的に行われないのか
　美術教育の実践研究では，数量を中心とした量的研究が積極的に行われることはあまりない。ミックス法の一部として，事前・事後にアンケートが実施されたり，活動中の発話回数が計測されたりすることはあるが，実践研究で重視されるのは活動の質的な意味である。この傾向は，Arts-based Research隆盛の昨今，ますます強まっているようにみえる。もちろん量的手法が積極的に用いられない理由も分かる。一人一人の存在や個別性，また授業の一回性を重視する美術教育は，「一般的」や「通常」といった概念を嫌う傾向がある。いわゆる大勢を占めるマジョリティの意向として，仮に99%が同意する内容であっても，1%の異なる意見があれば，その声に耳を傾け，異なる意見の

背景や理由,そしてその1%の声が99%の人たちに投げかける問題意識の重要性を美術教育は尊重するためである。また,例えばイエスとノーの回答があった場合,美術教育は,イエスとノーの間には無数の回答があると考え,さらにいえば,イエスとノーの線形的な認識とは異なる認識軸の回答を期待する。それは,規定された回答枠組みの外側に豊かな創造的可能性があると考えるためであり,スタンダードに代表される指導者の恣意的で固定的な目標の範囲内で得られる成果は限定した効力しか持ちえないと考えるためである。

　また,量的手法が敬遠される理由はその分かりづらさも要因の一つと考えられる。複雑な数式や演算を駆使し,多くの人が意味不明で解読不能な方法で人の心が示されることに辟易とし,さらにそれを「専門家」として特定の技術を身に付けた人達が特権化し,特定のコミュニティで知見を流通させ,その情報にアクセスできない人達を周縁化していくあり方にも,ややひがみまじりにはなるが,若干の違和感を抱いていることもある。このような,教科特性の問題,そして研究方法習得の訓練過程の問題により,量的調査はそれほど用いられていない現状がある。

(2) 全国調査へ

　もちろん,美術教育が重視する質的価値はよく理解できる。しかし,筆者が感じた実施実態把握の必要性と今後の美術教育と特別支援教育の複合領域研究の発展を考え,質問紙(アンケート)を用いた特別支援学校における美術の実施実態調査を行うことにした。

　調査は,学位取得直後の2016年3月に実施した。対象は全国の特別支援学校であり,調査では,分校を除く970校の各学部に在籍する美術の主任教員2909名を対象に質問紙を送付した。返信があった回答のうち不備が無かった509名の回答を対象に分析を行った結果,99%の特別支援学校・学部で美術の授業が実施されており,週平均1.83コマの授業が行われていた。つまり,全国のほぼすべての特別支援学校で何らかの表現及び鑑賞活動が行われていたのである。この調査結果はすでに論文[11]として『美術教育学』誌で公表しているため,ここでは主に,質問紙調査を実施して分かったこと,そして質問紙調査に含まれる人間味について紹介したい。

(3) 質問紙調査に含まれる人間味

　質問紙調査を実施してみると,論文には記述されない多くのことに気付く。いくつか紹介すると,一つは,欠損が多いことである。現在はインターネットによる調査のプラットフォームが整備され,容易に,また正確に回答を得られるが,実施した当時はまだ普及しておらず,24項目の大問,そして20項目の小問を含めた複雑な内容の質問紙をペーパーで作成し回答を求めたため,欠損回答が多くなってしまった。アンケート全体で分析結果を示そうとすると,一項目でも欠損があれば分析に含められない。調査では,821通の返送をいただいたが,なんと312通(38%)に欠損があり,涙をのんでこれらを分析対象から省いた。この点,本務が忙しい中,調査に協力くださった先生方の回答を結果に反映できず,本当に申し訳ない気持ちになった。アンケートは鋭くシンプルに作成することが今

後の教訓である。

　その他にも，回答時に様々なメッセージを添えて送ってくださる方がいた。その中には「同じ問題意識を共有しています」という励ましの言葉があったり，場合によっては，回答者の中に指導している学生の保護者が含まれていて「娘がいつもお世話になっています」といったメッセージが添えられていたり，学生時代の先輩や後輩が特別支援学校に勤務していてコメントを寄せてくれたりした。また，活発な取り組みをしている学校からは展覧会の資料を同封してくださる方もいた。その一方で，年度末の多忙な時期にこんな分量のアンケートを送ってくるなんて非常識だ，といったお叱りのコメントもいただいた。このように，返送された手書きのアンケートを一つ一つ確認していくと，それはまさに一人一人の声を聴いているような感覚になった。それは決して数値という抽象的で一般的な記号ではなく，まさに一人一人の声を集結した「集団の声」のようにも思え，実施するまでは無味乾燥した数字上の統計として捉えていた質問紙調査の内幕に，このような様々な温かいやり取りがあったことは，実際にやってみて初めてわかったことである。

　この経験から，私はアンケートの捉え方が少し変わった。そう，アンケートは人間臭いのである。もしかすると，インターネット上のアンケートフォームの発達により，今後このようなペーパーを用いた，手間とお金をかける方法は無くなっていくかもしれない。しかし，一人一人の声を集めるという本質は今後も変わらないと考える。そこには，これまで声を聴くことが無かった美術教育と特別支援教育との複合領域で生きる人達の生の声があり，その声を公の場に持ち出すことを考えると，アンケートが持つ貢献をいまさらながら重要だと思い知らされる。特に本研究のような周縁領域に位置する研究にとって，その小さな声を拾い上げ，結集できるアンケートの意義は大きいと考える。

4………あいだの研究がもたらす魅力

　イソップ童話の中に，『卑怯な蝙蝠』[12]という寓話がある。あらすじは次の通りである。

　ある時，獣と鳥の一族が争っていた。その様子を見ていたずる賢い蝙蝠は，獣が優勢な時には自分には全身に毛が生えているから獣だと言い，鳥が優勢な時には，自分には羽が生えているから鳥だといった。争いが終わると，どちらにもいい顔をしていた蝙蝠は結局どちらからも嫌われ，居場所がなくなり，暗い洞窟の中で住むようになった。

　この寓話は，他者に対して道義に反することを繰り返すと孤立するという教訓を含意している。しかし，少し視点を変え，"両者の特性を矛盾なく一体化させた蝙蝠の存在"が極めて現代的であると考えるのは筆者だけだろうか。鳥だけでは持ちえない，そして獣だけでも持ちえないハイブリットな存在である蝙蝠は，両者のポテンシャルを広げ，同時に双方の有り様を批判的に問い直す存在になるのではないかと。新しい唯物論の論者であるダナ・J・ハラウェイ（Donna J. Haraway）は，現代において社会的，歴史的に構成されたアイデンティティを本質的な一体性として信じることはもはや不可能であると述べ[13]，美術教育研究者のアリス・ウェクスラー（Alice Wexler）も，「ハイブリッド化，流用，

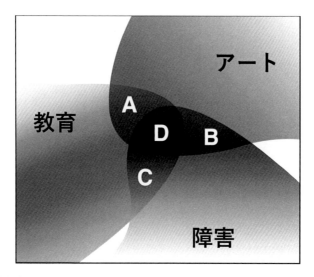

A: 美術教育, アートベース・リサーチ等　　B: Disability Art , アール・ブリュット等
C: 特別支援教育, 障害学等　　　　　　　　 D: Creating Space

図1: アート/教育/障害の可能性

ブリコラージュの時代にあって,分野間の分断は時代錯誤で実りのないものである」[14]と述べている。異なるものの境界を問いなおし/置き換え/ずらし/往還させ/連帯する動的な関係を結んでいくことは,「生成的な空間の創出」[15]につながる。筆者が取り組む研究は,まさに美術教育と特別支援教育,もう少し範囲を広げれば,アート/教育/障害の接面に位置づく。既存の分野が交わる狭い領域,もしくは狭く見える領域には創造的な空間が広がっており(図1),筆者は,私的・個人的な動機を活力に,複合領域が持つ多様な可能性を見出していきたいと考えている。

［参考情報］

フリック（Uwe Flick）,小田博志監訳『質的研究入門 ＜人間科学＞のための方法論』春秋社,2010.
質的研究に関する一通りの知識を得ることができる。

佐野正之編『アクション・リサーチのすすめ一新しい英語授業研究』大修館書店,2000.
アクション・リサーチの目的,意義,そして具体的な方法を知ることができる。

鈴木淳子『質問紙デザインの技法』ナカニシヤ出版,2011.
質問紙調査を実施する際のガイドとなる一冊。

［註］

1）バトラー（Judith Butler）,坂本邦暢訳「この生,この理論」『現代思想』Vol.43,No.3,青土社,2019,p.9
2）正式名称は「1歳6か月児健康診査」。母子健康法第十二条 市町村は,次に掲げる者に対し,厚生労働省令の定めるところにより,健康診査を行わなければならない。一 満一歳六か月を超え満二歳に達しない幼児。二 満二歳を超え満四歳に達しない幼児。
3）池田吏志「肢体不自由養護学校における美術 生徒の実態を基盤とした拡大的手法を用いた教材作り」『教育美術』2006年8月号,教育美術振興会,2006,pp.40-57.
4）主に就学前の障害のある子供が通う福祉施設。
5）池田吏志『重度・重複障害児のQOLを高める造形活動の指導理論に関する研究』広島大学,博士（教育学）,乙第4279号,2016.
6）次の文献に示された定義を踏まえている。ストリンガー（Ernest T. Stringer）,目黒輝美,磯部卓三監訳『アクション・リサーチ』フィリア,2012,p.1.,島田希「アクション・リサーチによる授業研究に関する方法論的考察一その意義と課題」『信州大学教育学部紀要』Vol. 121,2008,p.92.
7）Elliot W. Eisner, *The Enlightened Eye: Qualitative Inquiry and The Enhancement of Educational Practice,* Macmillan, 1991, p.40.
8）QOLが高まった状態を「周囲の人たちとの関わりを基盤とし,造形活動特有の教材教具の使用や制作工程を通して,児童生徒が意欲的に活動できると共に,自らが有する能力を最大限発揮できる状態」と定義している。
9）クレスウェル（John W. Creswell）,操華子,森岡崇訳『研究デザイン一質的・量的・そしてミックス法一』日本看護協会出版会,2007,p.240.
10）鯨岡峻『エピソード記述入門 実践と質的研究のために』東京大学出版会,2005.
11）池田吏志,児玉真樹子,髙橋智子「特別支援学校における美術の実施実態に関する全国調査」『美術教育学』第38号,美術科教育学会,2017,pp.45-60.
12）イソップ（Aesop）,平田昭吾『ひきょうなコウモリ』ブティック社,1991.
13）ハラウェイ（Donna J. Haraway）,高橋さきの訳『猿と女とサイボーグ 自然の最発明』青土社,2017,p.297.
14）Alice Wexler, "'The Siege of the Cultural City Is Underway:' Adolescents with Developmental Disabilities Make 'Art,'" *Studies in Art Education,* vol.53, no.1, 2011, p.53.
15）Rita L. Irwin, "Becoming A/r/tography," *Studies in Art Education,* vol.54, no.3, 2013, pp.199-200.

抽象表現・映像メディア表現と教育研究

渡邉美香
WATANABE Mika

1⋯⋯⋯私の研究歴

　一言に美術教育といってもいろいろな分野がある。幼児から大人まで生涯にわたり美術は教えられるし、美術そのものの内容も絵画、彫刻、デザイン、工芸から舞台、映画、パフォーマンス等多岐にわたる。私が、学生だった頃（20年以上前の話になる）は、美術は人の生き方と同じで教えられるものではないという考え方や、自分が教わってきたことしか教えることはできないという考え方が主流で、美術教育の目的に対し疑問を抱くことが多々あった。その後、海外で美術を学ぶ機会があり、そこで、現代の美術がどのようにしてあり、それが今の私たちの生活に影響を与えているか知ることと、学習者一人ひとりの表現の得意なところやコンセプト（表したい主題）を見出し、表現のためのボキャブラリーを増やすことで、美術の教育が可能なことを知った。また、メディアを用いて心情（気持ち）を伝えることが美術の技術であり、その技術はその人にあったものを見つけていくよう支援することで教育が成り立つことを学んだ。

　帰国後、博士課程に進学し、アメリカの現代美術家であるアグネス・マーチン（Agnes Martin 1912-2004）の絵画を対象に抽象表現と精神性についての研究を行った。これは、作家の作品を歴史的、形式的に分類し現代に価値づけるという類の作家研究ではなく、作家の作品制作の基本にある考え方、制作方法と作品との関連性を発見し、精神（心）を作品（形）にする技法について考察することを目的とした研究である。作品がつくられるプロセスを丁寧に見ていくことは、美術教育研究の一つの手法だと考えている。なぜなら、独自の技法を確立した造形思考を分析しバリエーションを蓄積することは、心情を伝える技術のパターンを指導者が幅広く認識できる＝技法指導の際の事例になると考えられるからである。この博士論文の執筆は、以後研究の考え方の基礎となった。

　マーチンの作品は、グリッドや水平・垂直線のストライプによるシンプルな作品で、1960年代当時ニューヨークで活動を共にした作家との交流関係からミニマリズムの作品と括られる傾向にあった。当時はコンセプトを形にするアートが主流となり、「ミニマリズム」もシステムや観念を形にする方法として注目された。その中で彼女は、ミニマリストであることを否定し、制作活動を中断して作品に対する考えの執筆に専念する。博士論文では、この画業の転換期に着目し、マーチンの作品の特徴

と手記をもとに,彼女独自の作品観を明らかにした。キャンバスの大きさが常に同じでかつ正方形であること,ステンレスの額縁を使用することなどは,他のミニマリストの作品と異なる点であり,同じシンプルな外見を持つ作品においても,そのメッセージ性が異なること,つまり,外見の類似性は必ずしも作品そのものを規定することではないことを示した。彼女の創作のコンセプトは私たちの生(活)の中にある感情の探究にあり,作品は観念を形にするものではなく精神(感情・心)を伝える媒体として機能するという考えを浮かび上がらせた。また,彼女が表そうとした感情,精神,哲学的内容について,当時の時代思想や東洋思想への興味,物質的で観念的なものや自尊心による支配からの自由,純真,感性が豊かになる喜びの所在を明らかにした。「生の喜び」を作品化した彼女の絵画から,感性を媒介に鑑賞者とともに作品を作り上げる=伝達する抽象絵画の方法論[1]を理解できるようになった。

　マーチンの創作に対する考え方を明らかにすることで,美術作品が感性を介し精神を他者へ伝える機能を持つことを確認し,このような表現方法を「抽象表現」と呼ぶことと理解した。抽象表現は,当然形のないもの(心)に形(作品)を与えることだが,感性を介し感情が伝わるという意味では,音楽にしても,料理にしても,演劇やスポーツなどのパフォーマンスにしても,全てのものが広く抽象表現ととらえられるだろうと考えるようになった。抽象表現への理解は,作品を成立させるために鑑賞者自身の感性を同時に発達させていくことが重要であることを示唆するものであった。

　研究科では,良き指導者,良き先輩に恵まれた。研究活動においては,基本的に私自身が興味のあるものを研究対象とする。私は,マーチンの作品が好きであるという理由から様々な現代作家の中で彼女の作品を研究対象に選んだ。そうすると,研究対象に対し好印象となるフィルターを無意識のうちにかけて研究に取り掛かっているので,客観的に分析できず,自分の思いで強引な論が出現する。それに対し,「本当にそうなのだろうか?」と言ってくれる人が重要になる。指導教員や先輩方との議論は,自分の色眼鏡を修正し,独りよがりにならない提示の方法を模索する時間になった。むしろ,自分が受けた印象や考えに至った根拠を引き出していくことで,研究目的を何度も振り返り,自分自身の美術に対する考え方を広げ,深める時間となった。自分の考えを明確にし,客観的な事実を導くためには,多様な人の意見を聞くことが重要であるという姿勢は,この時に培われた。また,行き詰まったときに,そのような精神状態を理解し,一歩先で,自分に起こった体験を,身をもって教えてくださる先輩の存在は本当にありがたかった。研究は決して一人で行うものではなく,研究者の社会で受け継がれていくものだと実感した。

　博士論文では,その著者が当該研究テーマの第一人者であると認められる水準の内容が論じられていることが審査に合格する条件の一つとなる。その際重要なことの一つは,そのテーマでの先行研究を網羅的に調べることである。海外の作家の場合,国内での紹介がまだないことは,条件を満たすものとなるが,それまでなされてこなかった=価値が見出されてこなかったことに対し,今その作家を取り上げる理由を述べる必要が出てくる。また資料はすべて外国語での調査となるので,その翻訳の適切性について確信が得られるまで,何度も訳し直した。それでも違うのではないかと指摘さ

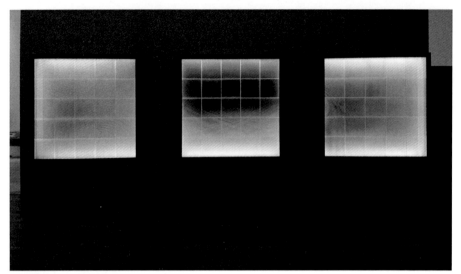

博士審査展出展作品 「静音を聞く　逍遊遥」 2007

れることもあり、訳出の根拠を示す必要もあった。資料収集においては、図書館や美術館へ足を運んだ。アメリカに数回訪問し、マーチンのアトリエのあったニューメキシコへも取材に行くことができた。実際に作品や生活風景を見ることで、これまでの仮説に対する確信や、誤認に対する修正を行うことができた。フィールドワークの重要さは、だれもが実感していることなので、あえて強調する必要はないが、現場を訪れることは物の見方に影響を与える。作品が生まれた場所を見たことで、それまで意識してこなかったこと、例えば美術館に飾られている作品がそのよさを生かす展示になっているかというように、批判的に見る視点も生まれた。

　ところで、マーチンの絵画は「生の喜び」の表現であったが、当時私は写真や映像を用いて「心の穏やかさ」をテーマに表現を試みていた。マーチンの絵画研究は、私自身の表現活動における考え方と連動するものであった。「作品は心情を伝えるコミュニケーションの媒体であること」を立証しようと、自分自身の表現技法を模索した。博士審査時に論文と共に提出した作品は、写真のようなものである。図像が呼び起こす感覚と自分自身の心の状態が一致する瞬間を焼き付け、光の色の微妙な変化を加えることで感性に訴える装置をつくった。

　私自身が制作において光の装置など新たなメディアを取り入れていくことを考えるようになった背景には、この研究で扱った抽象表現の考え方があった。抽象表現における技術は、既に制度化された伝統的な方法で、ものの見方や心の状態を描くのではなく、共感を得られる応答を探求し、新たなイメージを作り出すものである。既視感を持つことなく、素材に応じて多様にもたらされる経験を発見するのは楽しいことで、表現のための新たなメディアの開拓につながった。これらの経験から、心や感情を伝える技法を獲得するための美術の指導方法を、抽象表現という考え方を用いて確立

できないかと考えるようになった。また、博士課程在籍時から、大学同期の友人が担当する小学校図工専科の授業を撮影する機会があり、小学校での美術教育への関心が広がった。すべての子どもが個性を発揮し、年齢に応じ、社会性を身につけ活動を広げつつ同時に複雑な感情を育んでいること、それらが作品の中に表れることに興味があった。学校での取材経験から、他者とのかかわりの中で感情が豊かになる子どもの成長発達を支えるための「表現」の指導方法の研究[2]に取り組むようになった。そこで、博士課程修了後、学術振興会特別研究員として「現代美術の教育における抽象表現の扱い方に関する理論と実技指導方法について」というテーマで研究を行った。

この研究では、メディアの扱いに関し、素材を用いたコミュニケーションの観点から三つの技術習得段階を設け、抽象表現が目指す、心や感情を感受し伝える技法を明示した。このような段階を設けた理由は、技法の指導においては、指導者が学習者のレディネスを知ると同時に、指導目標を明確にするために、発達段階を見える形にしておくことが重要であると考えたからである。

初級での指導は、素材の加工の方法＝道具とのかかわりで素材が変化することを知ることとした。この段階を丁寧に指導することで、材料に心が反映されることを理解する＝作品に応答する感性を養う時間を得ると考えた。素材を使って自分自身を表現したいと思うようになった段階で中級へ移行する。中級では、コミュニケーションをとることが重視される段階なので、クラスメイトや地域の人、海外の友達などに伝えるメッセージを考えることを前提に素材の扱いを考え、造形理論の活用・選択することを指導内容とした。一般的に世に出回る美術作品は、このようなコミュニケーションをとることを意識した中級以上のものであるため、表現の指導＝中級以上の指導ととらえられがちであるが、中級の指導は、初級での材料の操作に対する感性が養われた状態で初めて行われるものである。素材を用いて表れる自分自身の感情に気づき、その感情を伝えようとする意識が生まれるという、表現への自然な流れを重視することを強調した。上級者は、造形要素を自在に用い自分自身のものの見方感じ方を発信できること、制作体験を積み重ねながら他者にある種の感動や感情の気づきを与えられる独自の表現を追求できることを目指す。ここでは作者の人間性を磨くことも表現技術の向上において重要な要素とした。人間性豊かな作品は、一人の人間と接する感覚と同じように、鑑賞者の豊かな感性を刺激し精神の自由を感じさせるものになると考える。上級は、マーチンの絵画に見られるような表現の豊かさを基準とした。このような、心を形にする抽象表現の指導方法についての研究は扱いやすい材料との出会いや鑑賞教育、ICTを活用した映像メディア表現の指導方法の研究へとつながっていった。

研究を進める中で、先輩研究者の紹介で、フィラデルフィア美術館での鑑賞教材の収集やニューヨークの小学校実践の取材を行うことができた。それらの人脈がその後の研究につながっていくことになった。研究の面白いところは、国内外を問わず教育のことを真剣に考える人たちと出会う機会があることである。世界中に美術教育に対する素晴らしい実践をしている人がいることで、励みになることがある。

　現在所属する大阪教育大学では、小・中・高等学校で図画工作や美術を指導できる人材育成に取り組んでいる。実際には、絵画や映像などの実技を通して表現することを学ぶ授業、鑑賞教育や図工・美術の授業づくりを学ぶ授業、現職教員に向けた研修会や公開講座での図工題材の提案等を行っている。基本的には学校で子どもの前に立ち指導することを念頭に置いた美術の教育について日々考えており、これらが現在の私の研究内容に関係づけられる。教員養成大学での研究は、実践的で子どもに直接還元される有意義なものであると同時に、慎重に議論を重ねよりよい方法を検討していく必要のあるものである。そのため教師経験のある人から多くの示唆を受け進めていくことができる。一方で、経験を重視するがゆえに新たなことに取り組みにくいという部分もある。

　現在進行形の主な研究に「美術教育における映像メディア表現の扱い方に関する理論と指導方法の構築」がある。この研究を構想し始めた2015年頃には、将来なりたい職業にユーチューバーが参入するなど、子どもの生活全体にわたり、コンピュータなどの情報通信技術が普及し、映像メディアが浸透する時代の印象があった。私は、教育研究は子どもの生活に根ざすものと考えている。子どもの生活は、それぞれ時代や地域によって異なり、時代や地域・社会の実情実態に合わせ題材を検討するという立場である。もちろん、情報通信技術の普及は、生活の一面であり、今後多方面から検討する必要があることも理解している。しかし、映像に対するイメージがすでに豊富な現代の子どもの生活において、感情や表現をより豊かにするための題材は映像ではないだろうかという問題意識があった。教師の指導は、自分自身が受けた教育の経験に少なからず基づいていると考えられるので、新たな題材を提案する際には、その授業が子どもの教育において価値ある物であることを根拠づける理論が必要となる。そこで、指導方法を構築するための理論を打ち出すことを研究テーマとした。

　子どもの実態に応じた題材開発では、附属学校など実際に教材を検討できる場が必要になる。研究協力者として現場の先生に実践を依頼する、研究校として取り組んでいる授業を取材させてもらうことが中心となる。取材を重ねる中で得られたデータを分析し、一つの授業モデルを提案することも可能であるが、どのような教師が実践しても同じ結果が得られる理論となるまでには時間がかかる。というのは、学級の子どもの状況に合わせ教師は願いをもって指導を行うのであり、子どもの何を伸ばし、何を大切にしたいかなどの教師の意図を踏まえた上で、教材の特性や指導方法を整理し理論化することになるからである。また、日本の学校教育制度のもとで美術教育の題材を提案するので、学習指導要領を無視することはできない。最新の学習指導要領に対する解釈を入れることで、指導者は安心して授業に取り組むことができるという意味において、学習指導要領を理論構築の際に引き合いに出すことが多くなる。教材提案のための理論としては、子どもの発達段階に応じた指導の考え方を提案するのが一般的であるが、段階を年齢で区切るのか経験値により分ける

のかも難しいところである。理論は物事を判断するよりどころとなる考え方や知識であり、これまで実践されてきた先達の理論を援用することも多い。

　新たな情報通信技術を美術の教育に取り入れることを目指したこの研究では、19世紀末〜20世紀初頭産業革命により社会生活が変化した時代の教育を参照した。特に、バウハウスの教育において、当時の最先端の技術であった写真＝光の造形を扱ったL.モホリ＝ナジ（Laszlo Moholy-Nagy 1895-1946）の造形教育理論[3]から指導モデルの着想のヒントを得た。彼の教育者としての立場は、新たな技術を効率や経済のためだけでなく、人間のよりよい生活のために用いることで、技術との共存を目指したところにある。彼は教育において、美術は教えられるものではないが、コンセプトを表す技術を教えることは可能であり、「表現の諸要素をコミュニケーションと社会的結合へ向けて組織づける」ことで美術となると考えた[4]。美術の活動における創造的直観は、材料を扱い自分の表現したいこととそのイメージを形作る力であり、指導されずとも素材の変化と感情のイメージを調和させる工夫や経験の積み重ねから学習者自身の関心に基づき生じるものと考えられた。私たちは文化的な背景をもち、既存の表現の影響から慣習的な材料の扱いを行うが、それらはすでに表現の意図に基づき作られた技法であり、感性を伝える選択肢の一つに過ぎない。そこで、モホリ＝ナジは、学習者が自ら「技術」を発見することを経験するため、人が初めて素材に出会う状況を想定した経験のプロセスを再考し、素材の特性を枠組みとして伝える教育の手法を講じた。

　このように、モホリ＝ナジの造形理論では、新たなメディアが私たちの感性を刺激するものであるならば、そのメディアの特徴を枠組みとして試行し、実験するという手法が用いられた。この枠組みは、絵画においては色や形、構図などであり、写真においては光、映像表現においては空間−時間における色や形、動きや流れ、タイミングなどが枠組みになると考えられる。映像表現では、例えば動きに対する感性と心情をつなげようとする場合、テーマが「生き物の動き」であるか「変化による動き」であるかにより、異なるイメージが生じる。これら造形要素に対し感性を働かせ操作を工夫する中で、イメージが形になり表れると、面白い動きや好きな動きなどがあることに気づく。自分が大事にしたい価値が何なのか、コンセプトが見えてくると、それが形を決定する判断のよりどころとなる。映像表現の第一歩は、既存の映像にあったようなものを完成させることではなく、（動きに対する）自分自身の感情を知るための映像というメディアの操作であるというのが、モホリ＝ナジの造形理論をもとにした映像表現を扱うための理論である。実際に、ストップモーション・アニメーションやトランジションの制作、クロマキー合成を用いた映像制作など映像メディアを扱う教材に取り組む子どもの活動の様子を観察し、だれもが自分自身を表現できる題材提案や指導方法を検討している[5]。

　映像メディアを扱った美術教育授業の事例収集も行っている。ニューヨークでの調査では、絵の構想に悩み描けない子どもに、絵画制作の補完として映像メディアのツールを与えたことで表現への自信を取り戻させたという事例を取材した[6]。技術的経験値に左右されず、表現への自信をつける方法として、新たなメディアへの挑戦が有効に働くこともある。

　教員である研究協力者とともに検討してきた映像メディア表現の題材の研究について公に発表

し,指導の方法を広めることもある。海外では,台湾高雄の教育委員会主催のシンポジウムで日本のICTを用いた造形活動の取り組みを紹介した。また,ストップモーション・アニメーション題材について,中国河北省の小学校や,ベトナムの師範大学でワークショップを行うなど研究を紹介する機会にも恵まれた[7]。近年は,子どもたちが作成した作品をインドの学校と連携しインターネットで発表しあうという交流も行っている[8]。新たなメディアが子どもの表現の可能性を広げ,イメージの源泉となる造形体験を豊かにし,同時に人間性も豊かにするという視点から題材の検討を重ねている。

3………今後の課題

　前項では,現在の主な研究を紹介したが,他に,「図画工作科・美術科教材のWEBモデルの構築—美術館鑑賞教材モデルとして」,「藝術教育における表現力・創造性を育むカリキュラムの構築」といったテーマにも取り組んでいる。前者は,フィラデルフィア美術館の鑑賞教材『ART SPEAKS!』を参考に美術館を訪問し鑑賞する学習を提案した教材「アートととともだち」である[9]。コロナ禍で子どもたちを美術館に連れていくことが難しい状況となってしまったが,多くの人に見てもらえるようWEB化を試みた。ともだちと仲良くなるようにアートと向き合ってほしい,仲間とアートについて話し合う楽しさを味わってほしいという思いを込め,地域の美術館へ子どもたちを連れていく際の学習モデルを提案した。後者の研究は,教科横断型の授業実践に取り組むもので,他教科(国語・音楽・英語)と協働しながらプロジェクト型授業計画を作っている。美術の教育は,図工科や美術科の中でのみ行われる閉じたものではなく,昨今世間で盛んに取り上げられているSTEAM教育のように,これからの社会に生きる子どもが生活の中で教科を超え取り組む課題を学習する際に関連付けやすい領域である。美術教育で育まれる子どもの生活に根差した感性や発想・構想の力,イメージし形にする力,表現・鑑賞の力は,教育全体において注目されているところであり,今後もっと広がりが生まれてくるのではないかと期待している。

　先に博士論文が私の研究の基礎となっているという話をしたが,私の美術教育研究は,自らの制作経験を基に人が表現をすることの意味を考えることだと思う。子どもが自分らしく表現する技術は,それを受け入れる鑑賞者の感性に支えられていると考えることもできる。このような観点から鑑賞教育と表現指導の関係についても今後研究を進めていきたい。

　子どもの数の減少,予測不可能な世界に対する教育の変革,新型コロナウイルス感染症対策等の影響もあり学校教育そのものが変わろうとしている状況も見られる。子どもの一人ひとりの表現を大切にする多様性理解や協働的な学びの視点を入れた美術教育の方法などまだまだ研究すべき課題は山積みである。教育研究はそもそも成果をすぐに得られるものではない。変化に対し対応が遅いという面もあるが,子どもの一生の中で何かの場面で美術の学びが役立ったと言ってもらえるよう教育研究を進めていきたい。美術教育の分野には研究すべきテーマがたくさんある。これから研究を始める皆さん,是非多くの問題に果敢に取り組んでいってほしいと思う。

［参考情報］

渡邉美香「アグネス・マーチンの絵画における抽象表現と精神性について──生の意識と感性の発達を中心に──」
東京藝術大学, 2008.
博士論文として提出した論考, 国立国会図書館において閲覧できる。

渡邉美香「現代美術の教育における『抽象表現』の扱い方に関する理論と実技指導方法（1）～（4）」『美術科研究』
第27～30号, 大阪教育大学・美術教育講座・芸術講座, 2010～2013, pp.97-108, pp.99-108, pp.63-69, pp.69-78.
抽象表現に関する指導法の成果をまとめたもの。大阪教育大学大学図書館リポジトリからも閲覧可。

［註］

1）渡邉美香「アグネス・マーチンの抽象表現における「静けさ」についての一考察」『大学美術教育学会誌』第41号, 大学美術
教育学会, 2009, pp.373-378.　参照。注釈番号1, 2, 5, 7, 8
2）渡邉美香「小学校の展覧会連携授業からみる美術教育の可能性」『美術教育研究』No.12, 東京藝術大学美術教育研
究会, 2006, pp.47-52.　参照
3）モホリ＝ナジは, 20世紀初頭に活躍したハンガリー出身の藝術家で, バウハウスで教鞭をとり, その後アメリカへ渡りシカゴにデザイ
ン研究所を作ったことで有名である。彼の著書『The New Vision』と『vision in motion』を主要文献とした。本文では, 「Art」を「美
術」と訳した。
4）L. Moholy-Nagy "vision in motion", Paul Theobald and Company, Chicago, 1956, p.27.
人がどのように表現技術を獲得するかについて考えたところに彼の理論の特徴がある。「表現されたもの＝作品」は, 想像力が生
み出すイメージを介し, 自分自身にその感情を気づかせると同時にそれらを他者へも伝える（感じさせる）コミュニケーション・ツールと
して存在する。
5）渡邉美香「ICTを活用した美術科授業「自画像トランジション」の実践」『教科教育学論集』No.19, 大阪教育大学教科教
育学研究会, 2021, pp.39-44, 渡邉美香他「中学校美術科における映像メディア表現の展開:クロマキー合成を用いて」大阪教
育大学・美術書道教育部門・芸術表現部門, 2021, pp.15-26.　参照
6）渡邉美香「デジタルメディアを活用した美術教育についての一考察─ニューヨークの美術教育視察から─」『美術教育研
究』No.25, 東京藝術大学美術教育研究会, 2019, pp.1-12.
7）青木宏子他「美術教育による文化交流の取り組み─ベトナム・ホーチミンの大学との文化交流事業を起点に─」『美術科研
究』第38号, 大阪教育大学・美術書道教育部門・芸術表現部門, 2020, pp.59-75.　参照
8）インドの学校との交流については, 渡邉美香他「インドの学校視察及びインドと日本の小学校との絵画相互鑑賞学習の実践
報告」『教科教育学論集』No.15, 大阪教育大学教科教育学研究会, 2016, pp.81-88., 渡邉美香他「日本とインドの美術教
育交流プログラムとその取り組みについて」『美術科研究』第37号, 大阪教育大学美術教育講座・芸術表現講座, 2019, pp.57-
72.　参照
9）アートとともだちWEBサイト〈https://www.osaka-kyoiku.ac.jp/~artomo/〉, 2021年11月1日より公開。

足下を掘る　地方美術教育史の面白さ

大島賢一
OSHIMA Kenichi

1………はじめに

　長野県上田市,菅平高原にあるダム湖,菅平湖のほとりに,
そのブロンズ像は建つ(図1)。《みのり》と題された,左肩に葡
萄を掲げた女性像の台座裏には「菅平ダム完成を記念して
昭和四十四年八月六日これを建てる」という文字と,当時の
上田市長などの工事責任者らの名前とともに,「上田市　小
林三郎作」と記されている。像は,上田市内や群馬県につな
がる国道のそばに立っており,その道にはそれなりの往来もあ
る。しかし,わざわざ降り立つような場所でもなく,多くの屋外彫
刻がそうであるように,風景に溶け込むように,静かにそこに佇ん
である。私自身,何度もこの像の側を通過していながら,ある資
料で本像について読むまでは,そこにあるということにも気づいて
いなかった。

図1:《みのり》小林三郎1969年

　ブロンズ像の作者である小林三郎(1892-1970)は,1946
年に組織され,現在まで続く,長野県の美術教師たちの研究
会である長野県美術教育研究会の初代会長を勤めた人物
である。戦前より,上田彫塑研究会の会長を務めるなど,長野県の美術教育の主導者の1人で
あったことは間違いない。しかし,日本の美術教育史を概観するときに登場する人物たちのように全
国的知名度があるわけではない。私は現在,長野県という地域において,そうした人物達の活動や
文章を材料として,美術教育史研究を行っている。その中で,長野県の美術教育の歴史を作り出
した人々に出会い,そこに美術教育があったという当たり前の事実に気づいていった。

　以下では,この自分自身がよって立つ美術教育というフィールドの足元をささやかに掘り返すよう
な研究を行う理由や問題意識等について記述していく。

　私が長野県の美術教育史に携わることとなった直接のきっかけは，勤務校である信州大学が所蔵する「信州大学所蔵石井鶴三関連資料」の整理に関わったことである。芸術家石井鶴三（1887-1973）の遺品，約3万点からなる本資料は，2010年に信州大学に寄贈された。彫刻家，画家，版画家，挿絵画家などとして多方面に活躍し，エッセイなども多く残した石井の足跡そのままに，彫刻作品，板木，挿絵原画，書籍などからなる。加えて，およそ1万点の，石井を宛先として差し出された書簡資料が含まれている。この中には，石井と交流のあった著名な芸術家や文学者に混ざって，長野県の小学校，師範学校教員などを差出人とするものが多数含まれている。寄贈を受けてから，信州大学附属図書館と人文学部教員を中心として，本資料についての調査・研究が進められていた[1]。2013年より，私もこの資料の調査・研究を行っている。

　石井について，美術教育関係者であれば，自由画教育運動との関わりでその名前を記憶しているかもしれない。石井は自由画教育運動の当初からの協力者の1人であり，児童自由画協会の会員となるなど深く関わっている。そして，長野県美術教育界との関わりというのは，より深い。1924年に始まり現在まで上田市にて継続して実施されている美術教員を対象とした彫塑講習会に，初回から自身最晩年の1970年まで講師として関わったことを皮切りに，伊那，長野など長野県各所で開催される絵画や彫塑の講習会の講師を務めるとともに，そこで紡がれた長野県教育界との縁により，信濃教育会をはじめとする教育会雑誌の表紙や題字を手がけたり，講演を行ったりなどの活動をしており，石井自身「長野県の人と思われてもしかたがないと思う」[2]と述べているほどである（表1）。石井死去の翌1973年には『信濃教育』誌上において180ページを超える追悼特集が組まれており，多くの長野県の教育関係者が寄稿している[3]。

表1: 石井鶴三の長野県での主な活動

1924年	上田にて彫塑講習会講師（のち上田彫塑研究会となり現在（2022年）も継続中，石井は1970年まで指導にあたる）
1928年	伊那彫塑講習会講師（1931年まで）
1933年	長野彫塑講習会講師（1935年まで，以降上田彫塑講習会に合流）
1937年	長野美術研究会絵画講習講師（1958年まで）
1938年	上田にて春陽会絵画講習会開催
1942年	木曽学童図画展にて児童作品批評及び図画教育指導
1943年	上田にて石井鶴三小品展開催
1945年	全信州美術展審査
1949年	木曽にて《島崎藤村像》の制作開始
1951年	木曽にて《木曽馬》の制作
1952年	木曽にて図画工作認定講習会の講師を務める
1956年	東京藝術大学石井鶴三研究室編纂，荻原碌山作品集『彫刻家荻原碌山』信濃教育会より刊行
1958年	安曇野，碌山美術館設立に関わる

　石井と長野県の教育界との関わりを知ったのは，石井の書簡整理に携わったのちであり，実の
ところ，本資料の概要について初めて知ったときには，石井や長野県の美術教育史についての
十分な知識を有しておらず，なぜ長野県の教育関係者との交流があるのか，ということについても
よくわかっていなかった。その状態から，目の前にある大量の史料によって，次のような調査，研究を
行った。

　私が参加するまでになされていた調査によって，書簡は中性紙封筒に一点ずつ保管され，差出
人名や住所について整理された目録が作成されていた。生の史料による調査を行う場合は，膨大
な基礎的整理作業が欠かせないが，今回は，すでに作成された目録に沿って，目当ての史料を確
認していくという作業から始めることができた。ただし，著名な芸術家たちの書簡とは異なり，差出人
名からその史料の重要さを測ることはこの段階ではできなかった。そこでまず，目録から「長野県を差
し出し地とする書簡のリスト」を作ることにした。その後，書簡資料の中には封筒が失われているもの
なども含まれており，その場合は目録中に差し出し地の記載がなかったり，また，単純に長野県を差
し出し地とする書簡に限定すると，長野県の教育者が県外に滞在した際に差し出した書簡が除
外されてしまったりすることに気づき，改めて，「長野県を差し出し地とする書簡のリスト」に記載のあ
る差出人名のものについて確認を行っていった。

　こうした作業は，本来，目録制作作業自体に膨大な時間がかかるし，目録がデジタル化されてい
なければ，自身でデジタルデータベースを作成するか，完全に目視による確認を行うこととなる。今回
はエクセルシートとなった目録からソートすることができたので，比較的短時間で終わった（とはいえ，
シート中には誤字や脱字もあるので，目視によって全てのシートを確認する作業が必要であったこと
は言うまでもない）。

　この作業によって，この時点で調査対象書簡として265名を差出人とする1,140点を選定した[4]。
差出人の多くは1点の書簡のみが確認されるのだが，中には10点や20点の書簡が確認されるも
のがおり，一番多いのは先述の小林三郎を差出人とするもので，121点が確認された。このことは
石井とそれぞれの差出人との関係性の差を類推させる情報である。

　上記作業を行ったのち，調査対象とした1000点超の史料について，一点一点現物を確認し，
実見していく作業に取り掛かった。こればかりは，実際に史料に触れ，読み下していくしかない。どこ
に何が書かれているかは，実際に史料を一枚ずつめくっていくことでしか明らかにならない。また，史
料保護や閲覧の簡便さ，そして今後の公開の可能性を考えて，閲覧したものを1点ずつスキャニン
グし，デジタル化した。さらに，めぼしいものについては翻刻作業を行った。今回の史料は，大正期
以降のものであったため，なんとか読み下すことはできたが，最初の頃は合字や候文さえ分からず
苦労した。くずし字辞典と首っ引きで1,2時間かけてようやく1通を解読するということもしばしばであ
る。そして読んだものが，長野特産のりんごの送り状であったりするからなんとも効率が悪いが，これ

ばかりは読まなければわからない。

書簡資料を扱う作業と並行して,リスト化された人物についての調査を行った。調査当初は,これまでゆかりのなかった長野県の大正・昭和前期の教育者たちということで,雲を掴むような状態であったが,各市町村誌や学校沿革史などの資料を手がかりにすすめていった。また,長野県では,1978年から1982年にかけて,全18巻からなる『長野県教育史』が編纂されており,こうした先行する調査,研究を参照しながら,多数の書簡が確認される人物から順に確認をしていった。

書簡というのは,断片的なやりとりの記録であり,その一葉だけでは何かを語ることができない。しかし,上記のような作業を通して,例えば,次のような事を述べるための材料となった。

①石井鶴三を中心とした大正期から戦後昭和期にかけての長野県の教育者の人的ネットワーク[5]

石井鶴三宛書簡の差出人リストには,地域の中心的な美術教師たちだけではなく往時の教育会会長や『信濃教育』編集主幹などの人物が含まれている。これらの人物の多くが,信濃哲学会や聖書研究会など,様々な教員自主研究会の中心をなした人物たちであり,石井の講習会の後見的役割をなす位置にあったことがわかった。これは当時,石井の美術講習会が,どのような問題意識によって成立したかということを考える手がかりとなるとともに,石井がどのような人物たちによって受容されていったかということを検討する手がかりとなる。

②石井鶴三の講習会の県内における伝播過程及び,実施経緯[6]

伊那地区で開催された石井の彫塑講習会に関わる人物を差出人とする書簡を確認することで,この講習会の開催及び終了の経緯について明らかとすることができた。

調査にとりかかる前は,先行する上田の講習会関係者からの紹介なりによって伊那においても開催されたのだと思っていたが,実際には,当地出身の洋画家,中川紀元を間に立てて丁寧な依頼を行っていたことがわかった。また,この講習会は,1928年から1931年にかけて4回開催されたことが確認できるが,4回で終わった経緯について,企画していた5回目講習会が,折柄の農村恐慌による教員給与未払いの発生などによって,経済的理由により参加することの叶わない教員が多く,開催が見合わせられたということが確認できた。当時,この不況下において教員たちの中には社会主義運動に傾倒するものが現れ,それが治安維持法による長野県の教員大量検挙がなされた二・四事件へと繋がっているのだが,そうした社会情勢と美術教育の関わりを伺うことができる。

③長野県における石井鶴三の語られ方についての検討[7]

今回の史料は石井鶴三書簡集ではなく,石井鶴三「宛」書簡集なのであるから,調査の過程で,石井に宛てられた言葉ばかりを追いかけることとなった。結果として,私の中では,石井は美術教育者たちの語りの中に存在するものというイメージが作られていった。この感覚というのはあながち間違ったものではなく,長期間長野に関わった石井は当地の有力な教育者たちに語り継がれることで,その教えに直接触れたことのない教師たちにも間接的に世代を超えた影響を与えていると考えられた。こうしたことを検証するため,長野県の教師たちをその主要な読者とする『信濃教育』における石井鶴三の語られ方について検討するという研究を行った。

本書簡資料調査の過程において,長野県各地の図書館,資料館,教育会館等で様々な資料を閲覧するとともに,色々な人々に出会う。それによって,新たな資料を見つけ,新たな知見を得る。そのようにして研究がつながり,展開していく。例えば,元信州大学教授田原幸三のご遺族に,石井関連資料中の田原書簡の公開許可をいただくためにお会いした際には,石井から差し出された書簡について,田原が書き写し控えたノートを閲覧,複写させていただいた(図2)。これによって,石井と田原の間で取り交わされた書簡のやりとりを復元することが可能となった。また,大正時代に長野県師範学校を会場として行われた長野県内小学校聯合教科研究会についての研究[8]は,調査過程においてその『研究録』を実見する機会を得たことで可能となった。このように研究は連鎖していく。研究の入り口は小さなものであっても,当初思っていなかった水脈に当たるということはままある。

　現在私が関心を持って取り組んでいるテーマの一つに,大正から昭和前期の美術教師たちがどのようにして美術教師となっていったのか,その美術思想はどのようなもので,どのように形成されたのか,ということがある。石井の講習会に参加した戦前期の多くの美術教師たちは,今日の美術教師とは異なる養成のされ方をしている。例えば,講習会の最初の頃は,粘土の扱いもよく分からず,近代彫刻についても十分に理解しているわけではない様子が彼らの回顧から伺える。今日,美術科教員の養成課程では,美術や芸術について学び,その実践を行うというのが当然であるが,当時は,例えば師範学校の手工科において基本的な粘土や木工などの技能指導は受けているが,それは必ずしも,芸術作品を作るという意味での彫刻教育というわけではなかった。それが,毎年の講習会を重ねていく中で,中央の展覧会に出品するものや,地方美術界の主導者となっていくものが養成されていく。長野県の美術教育界に長期間関わった石井についての調査というのは,大正期から第二次世界大戦後にかけて,多くの美術教師が「美術教師としての自己形成」をしていく過程を詳らかにしていくものだった。そこで,戦前の美術教師たちはどのように思想形成をしたのか,そこに教員の講習会はどのような影響を与えたのか,という関心が生まれた。

図2: 石井鶴三先生書簡控　田原幸三宛　昭和44年4月6日　田原幸三記

5………美術教育史研究の問題意識

　美術教育の歴史を研究している,と言うと「過去の偉人たちから私たちが今日学びうることは何

か」という質問を受け、戸惑うことがある。私は、過去の偉大な美術教育者たちから何事かを学び、今日に生かす、というようなことが歴史研究の目的であるかというと、それは少し違うように思っている。私たちは、過去から学んでいないわけではなく、無自覚なうちにも、過去から影響を受け、むしろそれに囚われている。その結果として今があると考える方が自然ではないか。また、過去の事象や発言というのは、それがなされ、発せられた文脈から自由に理解するべきではない。それをすると、過去は今の視点から都合よく利用可能なものとなってしまう。そのように過去の偉人の言葉を金言として用いることは、批判性を欠いてしまっており、学術的ではないと言わざるを得ない。

　長野県の美術教育史研究というと、自由画教育運動をはじめとして大きなトピックを中心とした研究の積み上げがある。そうした大きな塊の間には、未だ解明されていない小さな隙間が無数にある。私が今長野県を対象として行っている研究というのは、そうした隙間を埋めていくような作業だと思っている。そうして歴史像を客観的な次元にし、それぞれの事象を理解するための文脈を正しく理解するということが、私たちが過去に向き合うために必要な作業なのだと思う。

　例えば、長野県を舞台とした教育史研究の一例として、土方苑子による『近代日本の学校と地域社会』9)を挙げることができる。この研究は、1889年から1955年まで現在の長野県埴科郡千曲市中部に存在していた五加村を調査対象としている。土方は、当時の五加村の子供達およそ5000人の学校歴、進路データなどの悉皆調査という実証的研究によって、従来、文部省による統計資料『文部省年報』に依拠して示されてきた戦前期日本の就学率理解に異を唱えることに成功している。

　この研究が五加村を研究対象としたのは、五加村の役場文書がほぼ完全な形で残存しており、史料としての活用が可能であったためである10)。教育史上の特異な出来事を取り上げる研究とは異なり、この研究の対象は、当時の日本の農村地域を代表する標本としての意義をもつ。特別な事例のみが歴史研究の対象となるわけではなく、あらゆる歴史的事象に研究対象としての価値がある。特異なものであろうが、普遍的なものであろうが、それについての史料を意味あるものとするのは、研究者が持つ問題意識である。土方は、この研究の序において、近代日本教育史研究が明確な独自対象や研究方法を十分に確立できていないことを指摘し、次のような考え方を示す11)。

　　まず近代日本教育史研究が教育学の一分野であることを重視する。そしてその基本的な役割がどこにあるかといえば、日本の教育現実に対する問題意識に立脚して研究の課題を明確にし、そのための方法を選び、理想的な問題構造を明らかにして提示することではないかと思う。日本の教育現実、その問題認識に基づく研究者の主体的な取り組みによって、借りもののテーマではない自前の日本近代教育の問題を取り出し、それをもって歴史学、教育学の諸分野、外国での研究と対等に影響力を与え合う関係を作り出すことが望ましいと思う。
　　（土方苑子『近代日本の学校と地域社会—村の子どもはどう生きたか—』）

ただ史実を明らかにしようとするのではなく,教育現実に対する問題意識こそが,教育史研究たらしめ,それによって,歴史学や教育学など周辺学問領域と対等な関係となり得るという主張は明確であり,首肯できる。そこで,私自身,どのような美術教育の教育現実に対する問題意識を有し,長野県での調査,研究を行っているかを次に示したい。

　長野県の教育に着手する以前は,1880年代から1930年代のアメリカの美術教育を対象とした研究を行っていた。現在も,長野県を研究対象に加えたのであって,アメリカの美術教育史には関心を有している。これらの研究は同一の問題意識を背景に持った一連の事例研究であると考えている。その問題意識とは,最も素朴なレベルでは,美術教育はいかにあるべきか,ということである。より具体的には,絵画,彫刻,デザイン,工芸を主内容とし,色と形の教科として自己規定する現在の学校の美術教育はこのままでいいのか,そのオルタナティブはあり得ないのか,ということを考えるための視座を形成することにある。

　美術教育はいかにあるべきか,というのは,美術教育の研究者であれば,当然に持つべき共通の問題意識であると言えるだろう。たとえば実践家であったとしても,その実践には教育的目的があり,その目的は,美術教育はどのような形で被教育者に貢献するべきか,という前提がなければ設定し得ないはずである。また,統計的手法や,生理学的アプローチによる教育効果を測定するような研究にしても,その前提として,理想とする美術教育の成果というものが仮定されるはずである。この理想の美術教育について考えるということは教育哲学やある種の美学的問いということになると思うが,私の研究というのは,そのための準備として,私たちの現在の美術教育がこのようにある,その理由を歴史の事象の中に問おうとするものである。

　アメリカの研究では,アーツ&クラフツ運動の思想的輸入や,工業化,経済危機などの社会状況の変化を背景としながら,美術概念そのものの成立と同時に,美術教育思想がどのようにして形成されるかということを検討の対象とした。すでにある美術を自明のものとして前提し,いかに教育の手段とするかというのではなく,美術というものが絶えず自らを更新するダイナミックなものであると捉え,そこから美術教育思想が生み出される過程について考察することで,現代の芸術,視覚文化状況に対応した美術教育のあり方を考えるための示唆を得ることができると考えていた。さらにいえば,制度化の過程において,そのダイナミズムが失われると考え,そうした制度化がどのような力学,事情によってなされたのか,ということを明らかにすることに関心がある。

　例えば,長野県の美術教師たちの思想形成過程についての研究は,個人の中にいかに芸術思想が受容され,美術教育思想の形成へとつながるのかという事を明らかにしようとするもので,アメリカについての研究において考えたことを,日本の教育者個人の中に実証的に見ようとするものだと考えている。

　私の研究手法というのは、探して、読んで、理解して、解説するというものであり、誰もが行えるものだと思う。その出発点にあるのは、まずは単純な疑問や好奇心であって、その点においても特別なものではなく、美術教育に関わる多くの人が共有できるものだと思っている。そして、多くの人が自らよって立つところの美術教育の歴史について興味を持ち、このとりわけて特別なものではない研究方法によって、その研究に参画してくれると良いと思っている。

　なぜなら、この分野は常に人手が足りない。日本の美術教育は、日本中至る所で行われている。いや、日本中の「至る所でしか」行われていない。つまり、中央によって様々な教育政策が立てられ、教科書が作られたとしても、実際の美術教育がなされるのは、常に、教師と被教育者のいる場所であり、それはすべからく具体性を伴う「地方」なのである。つまり、具体に近づけば美術教育史研究は否が応でも地方美術教育史研究となる。そして、それは無限と言えるほど多様だ。そうすると、そhere ここにある史料を収集し、解読し、分析するということは1人の人間の手に余る。そこで、皆さんもご自身の身の回りの美術教育史を掘り下げていただきたい。例えば、各学校に残された生徒・児童の作品、石膏像などの教具、校庭の銅像、その全てに歴史がある。毎年各地で行われている児童画の展覧会にも、起源があり、それを行おうとした先達の問題意識がある。そうしたものを掘り出し、記録し、様々な人が参照可能とすることには、十分な学的価値がある。そのように掘り返され日の目をみた史料によってのみしか紡ぎ得ないのが歴史なのだ。

　また、今日行われている美術教育実践もまた、将来の歴史的検証の対象となる。石井の資料群は、彼が大正時代から自身が受け取った手紙を保管していたということで成立している。例えば指導用の資料にしても、その一切が保管されていれば、将来の美術教育史研究者には垂涎の史料である。私たちは、掘り返す主体であり、また掘り返される対象なのだ。

　私のささやかな研究について紹介することで、それなら私もできるのではないか、と自分の足下を掘る人が増えてくれれば良いと考えている。その過程において、私が《みのり》に気づいたように、皆さんも、今は見えていない何事かが見えるようになる経験をされることと思う。そして、それによって、様々な史料が発掘され、残され、多くの議論がなされることで、美術教育の歴史が少しでも明らかになっていけば良いと思う。

［参考情報］

美術科教育学会美術教育学叢書企画委員会『美術教育学叢書2美術教育学の歴史から』美術科教育学会,2019.
美術教育史研究の意義と広がりについて把握できる。特に地方美術教育史について一章が割かれている。

小県上田教育会編著『馬に夢をのせて─石井鶴三の生涯─』小県上田教育会,2001.
小県上田教育会,石井鶴三特別委員会によって作成された石井の伝記。厳密な学術的関心によるものというよりは読み物風であるが,当地の現役の教員たちが,自らの歴史としての石井を調査・研究した地方美術教育史の一編と言える。

上田市立美術館ホームページ
〈https://www.santomyuze.com/museum/collection/ishiitsuruzou/〉
本館は,同市ゆかりの作家として山本鼎らとともに小県上田教育会から寄託を受け,石井のコレクションを有する。ホームページに,石井について詳しい説明がある。

長野県教育史刊行会編『長野県教育史』全18巻,長野県教育史刊行会,1972-1983.
本書は学制百年記念事業として刊行された。当時,長野県のみならず,複数の府県で同様の府県教育史が発行されている。これらの『教育史』は地方教育界における出来事を確認するということにも有用であるが,その語られ方,編纂のされ方に注目して読むと面白い。そこには,中央のものとは異なる教育史の語りが存在する。

［註］

1)本資料についての調査や,資料に基づいてなされた研究については,信州大学附属図書館によって刊行されている『信州大学附属図書館研究』にて報告がなされている。同誌第1号では,資料の概要や寄贈を受けた経緯などについての報告を見ることができるので,参照されたい。

2)石井鶴三「山岳と芸術教育」『信濃教育』第1000号,1970,p.21.

3)『信濃教育』第1044号,1972.

4)もちろん,この265名全てが教育関係者というわけではない。

5)大島賢一「信州大学所蔵石井鶴三関連資料信書差出人に見る長野県教育関係者人脈【報告】」『信州大学附属図書館研究』第5号,2016,pp.19-28.

6)大島賢一「信州大学所蔵石井鶴三関連資料にみる伊那彫塑講習会のあらまし【報告】」『信州大学附属図書館研究』第8号,pp.1-11.

7)大島賢一「長野県教育界における石井鶴三の受容─『信濃教育』掲載の石井鶴三言及記事の検討─」『美術教育学』第38号,2017,pp.107-118.

8)大島賢一「『長野県内小学校聯合教科研究会図画手工研究録』に見る教育的図画の受容と克服」『美術教育学』第41号,2020,pp.33-44.

9)土方苑子『近代日本の学校と地域社会─村の子どもはどう生きたか─』東京大学出版会,1994.

10)土方の研究は,歴史学諸分野の研究者によって構成される「五加村研究会」のなかで取り組まれている。五加村での研究の経緯や五加村研究会については,石嘉一郎,西田美昭編『近代日本の行政村:長野県埴科郡五加村の研究』日本経済評論社,1991に詳しい。

11)土方,前掲註8),p.2.

一次資料からのエビデンス作成による美術教育史研究
京都府の毛筆画教育に関する調査を事例として

竹内晋平
TAKEUCHI Shimpei

1⋯⋯⋯はじめに

(1)美術教育史研究との出会い

　かつて筆者が,美術教育について学ぶために大学院修士課程に在籍していたころ,関心のある研究テーマは図画工作科の授業実践に関連した内容であり,その後に自身が美術教育史についての継続的な研究を行うことになるとの想定はしていなかった。

　筆者がこの領域の研究に関心をもちはじめたのは,金子一夫著『近代日本美術教育の研究 明治時代』[1]と出会ってからのことである。明治時代の美術教育に関して広範囲かつ綿密な検証がなされ,当時の筆者が知りたいと考えた歴史的事項は,すべて同書に記されていたと記憶している。そして,このような質・量ともに類例を見ない歴史的研究の大著を一人の研究者が執筆したという事実に,とても驚いた。修士課程を修了してしばらく経過した頃から,同書で示されている知見を基盤として,時代と地域を狭く絞ることによって特色ある歴史研究にすることができるのではないか,と漠然とした構想をもつに至った。

　『美術教育学叢書2 美術教育学の歴史から』において赤木里香子は,金子による同書について「一次資料を検証し,以前は見えなかった事象を立ち上げる研究方法をとったこと,それに伴い,山形寛に代表される従来の説を批判的に検討したところに重要性がある」[2]と評している。一次資料の収集と分析を重視する金子の研究との出会いは,美術教育史研究は文献による研究が中心であると考えていた筆者に対して,それまでの固定概念を大きく転換する契機となった。このような経緯によって筆者は,調査したい事象についての言説を探すだけではなく,幅広い種類の一次資料を収集することでエビデンスを作成するという方法によって研究に取り組んでみたいと考えるようになった。

(2)美術教育史研究における一次資料

　研究領域や研究対象によって異なる定義になると思われるが,本章における一次資料の定義について検討しておきたい。オリジナル性が高い研究成果等を記した文献を一次資料,総説やレビュー等に該当する文献を二次資料とする分類方法も考えられるが,本章では美術教育史に関

する研究を目的とした言説やその成果については二次資料とし，それらにおける解明の根拠となる当時の資料を一次資料とよぶこととする[3]。この定義によれば，金子が調査対象[4]とした中等学校職員録や勤務記録等も一次資料である。また，長瀬達也が地方美術教育史研究における調査対象としての有効性を指摘する[5]各県の「教育会」の発行誌も一次資料となる。そして，当時の児童生徒による作品，使用された教科書，教案（学習指導案），学務関係の法令や通達，新聞記事等も一次資料として扱うことができると考える。

　このような一次資料は，収集を終えた後には分析とともにエビデンス性を高めるための加工を行うことも重要であると考える。金子が『近代日本美術教育の研究　明治時代』において，図画教員の勤務状況を年表化して示しているが，これは優れた一次資料の分析と加工の例であると解釈する。収集した一次資料を根拠として研究論文内でどのように位置づけていくのか，読者からの了解性が高いのはどのような提示方法なのか，等について検討することが研究者に求められているといえる。

　次節以降，筆者が試みた下記二つの事例を示し，一次資料の収集と分析，そして加工を行った調査研究のプロセスについて紹介したい。

・行政文書の分析に基づいたエビデンスの作成：

　　金子一夫による研究方法を援用しながら，行政文書を収集し事象の年表化を試みた

・図画教科書掲載図版の分析に基づいたエビデンスの作成：

　　教科書図版等を画像分析アプリによって合成し，二つの画像の近似性を評価した

　なお，次章から紹介する二つの事例はすでに学会誌等で発表ずみの研究成果であり，詳細についてはそれらを参照していただければ幸いである[6]。図1に示しているのは，本稿の構造を概念的に表現したものである。

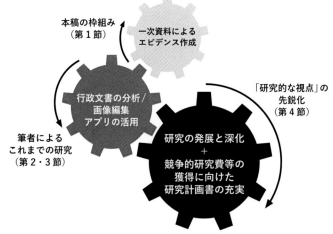

図1: 本章の概念図

2………行政文書の分析に基づいたエビデンスの作成

(1)美術教育史研究における行政文書の活用

　美術教育史研究を進める上で,当時の美術教育関係者による言説を参照することは大変重要であるが,調査の対象として行政文書を扱った例について紹介したい。本節で紹介する行政文書とは,主に官庁等で作成されたり官庁等に提出されたりした各種の文書の総称であり,当時の施策や行政に関する客観的な事実を記録・報告・通知・届出するという性格から,一次資料としての信頼性と保存性が高いといえる。このような過去の行政文書は,多くの都道府県の公文書館等において保存・公開されている。明治・大正・昭和のものは戦災によって焼失している場合[7]もあるが,学務関係の中でも美術教育に関連する文書の所在を確認し,閲覧することができれば,どのような状況で美術教育が推進・改革されてきたのかという当時の様子をリアルに垣間見ることができる。

　まるで行政記録の森の中を手探りで進んでいくような,時間と労力がかかる調査となるが,先行研究等で述べられている事実を歴史的記述によって直接的に確認することができたり,まだ誰も気づいていない事実を発見できたりする等,筆者は行政文書を扱う研究の面白さを実感することが多かった。

(2)「京都府庁文書」を活用した筆者による研究の事例

　筆者が行った明治期の図画教員および図画教科書についての調査では,京都府総資料館(2017年の移転により,「京都府立京都学・歴彩館」[8]に名称変更)が所蔵する「京都府庁文書」(図2)の閲覧を行い,学務関係の記述について探索する調査を行った。この「京都府庁文書」は,デジタルアーカイブ[9]されているため,キーワード検索等が可能である。しかし,記載内容については実物の目視による確認が必要であった。そこで筆者は,下記の方法によって閲覧する文書の絞り込みを行い,その読み取りから知ることができる事実から新たな意味を浮かび上がらせることを試みた。

　　①研究対象とする学校種と年代から閲覧する行政文書を決める
　　②行政文書を閲覧し,「教員名」「教科書名」等が記載された頁を特定する
　　③上記②について撮影し,画像データとして保存する
　　④画像データから読み取った事実を時系列に沿って表に書き起こす

　筆者が行った調査では,主に女学校等での図画教員の勤務状況と図画教科書の採用状況を対象としたため,①行政文書絞り込みは比較的容易であった。しかし,②閲覧しての記載内容の特定は,古い年代の行政文書ほど毛筆によるくずし字(図3)で記載されている例が多いため,調査対象とすべき頁を決定するのにかなりの時間を要した。記載内容の判断に迷う場合は一旦撮影しておき,事後にAIを活用したくずし字解読システムのサービス等[10]を活用して読み取ることも

図2: 京都府庁文書（1904年）　　　　　　　　　　図3: くずし字の例

できる。筆者は、所属大学の書道を専攻とする大学院生に読み取り作業への参加を依頼し、くずし字に関する専門的知識の提供を受けながら読解を試みたところ、効率よく分析を進めることができた。

　表1に示しているのは、前述①〜④の手続きによって知り得た情報について金子一夫によって確立されている研究方法を援用して年表化したものである（「京都府庁文書」以外の文献や先行研究等から得た情報も含めている。それらの出典は表中の備考欄に示した略記[11]を参照）。行政文書から読み取った情報の一つ一つは断片的であり、単独では記載された内容から意味を見出すことが難しい場合もあるが、多くの断片をつなぎ合わせることによって、例えば次のア〜エの論点について考察することができる。

　ア：同一の女学校等に勤務した歴代の図画教員の間に、画業の流派等からの影響が見られるのか否か
　イ：勤務した図画教員とその教員が採用した図画教科書の著者との間に、流派等からの影響が見られるか否か
　ウ：女学校等の立地と勤務した図画教員との間に何らかの相関が見られるか否か
　エ：女学校等の立地と採用された図画教科書との間に何らかの相関がみられるか否か

　表1からは、図画教科書の著者本人が勤務校で採用した場合以外は流派や師弟関係によって図画教科書を採用した様子は見られないこと（論点イ）、京都府画学校関係者が作成した図画教科書の採用は、京都市内の女学校等に限られること（論点エ）、等を読み取ることができる。論点エに関わって言及すると、京都府画学校関係者が作成した図画教科書（すべて毛筆画教科書であった）を採用したのは、東京奠都から数十年後にもかかわらず京都御所の至近、つまり洛中に所在する女学校等であったことを明らかにすることができた。

表1: 京都府内女学校における図画教科書の採用状況(図画教員名併記)

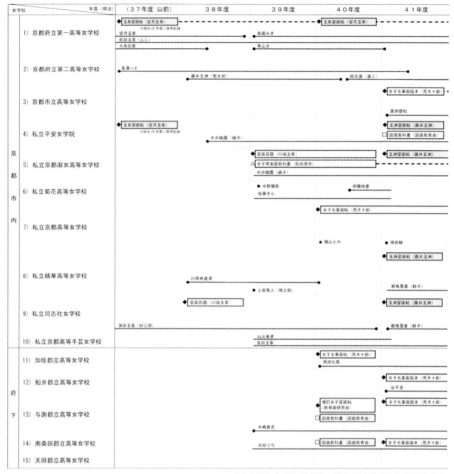

※ 表中の記号：◆毛筆画教科書,△鉛筆画教科書,□教育的図画教科書

(3)行政文書を閲覧・撮影する際の留意点

　本節で紹介することを意図したのは,文献資料および先行研究等で明らかとなっている情報とあわせて,行政文書を分析して作成した年表をエビデンスとし,限定された地域における当時の美術教育の傾向を示すという研究手法であった。行政文書を手掛かりとした研究には,まるで宝物を探索するような面白さと,当時の美術教育の様子に思いを馳せる楽しさがある。特に地域を限定した美術教育史研究を進める上では,効果的な調査方法になると考えている。公文書館等の施設を活用して,かつての私たちの地域における美術教育に光を当てる調査を試みてはいかがだろうか。最後に,研究者が行政文書を閲覧・調査する上での留意点について,いくつかふれておきたい。

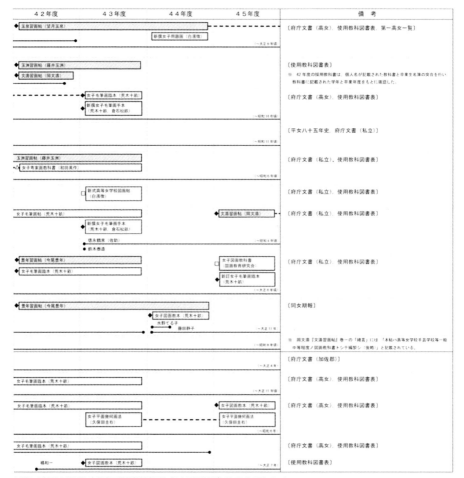

42年度	43年度	44年度	45年度	備　考

※ 灰色で表示した矩形は,京都府画学校関係者が作成した図画教科書であることを示している。

・行政文書の閲覧・撮影等を行うに当たっては,事前予約が必要な場合がある。

・行政文書を閲覧する地域と時代,学校種等をできるだけ限定しておくと調査しやすい。筆者の場合は,明治期後半の京都府内に所在する女学校等を対象とした。

・行政文書は,行政的な記録であるとともに貴重な歴史的文化財でもあるため,所蔵館等の指示に従い,貴重書と同様の配慮のもとでの閲覧・撮影が求められる。

・行政文書には個人情報に関連する事項が記載されている場合がある。閲覧・撮影の対象にすることの可否,内容を学術論文等での公表の可否については,所蔵館等に相談するとともに慎重に判断する必要がある(本稿における画像掲載についても所蔵館より許諾を得ている)。

このような研究が各地で進み,同じ問題(例えば,明治期後半における女学校等での図画教育)に関する地域差などが明らかになれば,興味深い知見を得ることができると考えられる。各地の調査結果を研究者間で情報交流し,美術教育史における空白箇所が少しずつ解明されていくことに期待したい。

3………図画教科書掲載図版の分析に基づいたエビデンスの作成

(1)美術教育史研究における図画教科書掲載図版の扱い

　いわゆる文献研究であっても,前節でふれた一次資料としての行政文書を扱った研究等であっても,それらの方法においては,いずれかの時点で言語化された情報に基づいて,過去の美術教育についての論証を行うという手続きをとる。このような第三者の言説に基づいた研究方法は,他教科の教育史研究においても概ね同様であると考えられる。一方で美術教育の特性上,教科書に多く掲載されている図版を対象とした研究,すなわち言語以外の図像資料を分析するという研究も成り立つ。

　美術教育史における教科書を扱った先行研究は数多くあるが,掲載された図版を一次資料として詳細に分析したものは意外に少ない。本章の冒頭でふれた金子一夫による著書[12]では,主に鉛筆画教科書を対象として図版の引用元についての検討を行っている。それに関連する下記の金子による研究群が,図像資料に基づいた研究事例として先駆的である。

・金子一夫「明治期図画教科書における引用の次元 −分散把握の一方法−」『美術教育学』第6号,1984,pp.69-74.
・金子一夫「明治初期図画教科書とその原本の研究(1) −チャップマンおよびコー原著の引用−」『茨城大学教育学部紀要 人文・社会科学・芸術』第34号, 1985, pp.55-69.
・金子一夫「明治初期図画教科書とその原本の研究(2) −ヴィーア・フォスター画手本とその引用−」『茨城大学教育学部紀要 人文・社会科学・芸術』第35号, 1986, pp.69-84.
・金子一夫「明治初期図画教科書とその原本の研究(3) −西洋博物学書図版の引用−」『美術教育学』第8号, 1986, pp.35-44.
・金子一夫「明治初期図画教科書とその原本の研究(4) −カッサーニュの画手本とその引用−」『茨城大学教育学部紀要 人文・社会科学・芸術』第36号, 1987, pp.13-32.

　その他,中村隆文による著書『「視線」からみた日本近代 −明治期図画教育史研究』[13]においては,毛筆画教科書における図版が一次資料として扱われ,図版に透視図法を適用した場合の消失点を加筆して示す等,図像に対する分析的な加工が試みられている。

(2)画像編集アプリケーションを活用した筆者による研究の事例

　筆者が京都府で展開された毛筆画教育に関心を抱き始めたころ,明治期に刊行された教科

書『玉泉習画帖』（1891）を古書店で偶然に入手することができた。桃色の表紙による装丁と掲載された図版の美しさに惹かれ、その成立背景や使用状況を解明してみたいと考えた。はじめに着想したのは、『玉泉習画帖』を作成した日本画家・望月玉泉（1834-1913）の系譜を遡れば、掲載された図版の意味を明らかにすることができるのではないか、ということである。玉泉は望月玉蟾（1692-1755）を祖とする望月派の当主であり、円山応挙（1733-1795），呉春（1752-1811）等の円山派や四条派の画家につながる流派に位置している。このことから、図画教育のために作成された毛筆画教科書である『玉泉習画帖』にも，円山派や四条派の特色が反映されているのではないかと考えた。

　このような問題意識を踏まえて、改めて『玉泉習画帖』に掲載された図版を見てみると、円山派，四条派の画家による作例におけるモチーフとの共通性が高いことに気付いた。例えば『玉泉習画帖』に掲載された「雪中狗子」（図4）という画題の頁では、ポーズや目の描写等の特徴が円山応挙の作例（図5）と酷似する子犬が描かれている。このような流派の中で継承されたと考えられるモチーフの共通性と表現の類似傾向は、円山応挙による他の作例や，呉春，そして松村景文（1779-1843）による作例等との間でも複数組が確認された。

　次に筆者が構想したのは、毛筆画教科書に掲載された図版と他の作例との間で類似傾向が確認された場合に、画像編集アプリケーションを活用すれば両者の近似性を精密に検討できるのではないかという点である。この方法を活用すれば，研究者の感覚的な判断に依ることなく、客観的に近似性を判断できると同時に一次資料からエビデンスとなる画像を作成する手法としても有効であると考えた。具体的な手続きは以下のとおりである。

・比較したい二つの画像を電子スキャナー等によってデジタル化する
・画像編集アプリケーション（Adobe Photoshop CS6）を使用して一方の画像を半透明にする（透明度40〜60%程度）
・半透明にした画像を他方の画像に重ね合わせて合成し、近似性について評価する

図4:『玉泉習画帖』（龍），「雪中狗子」（1891年）奈良教育大学 所蔵

図5: 円山応挙「朝顔狗子図杉戸」（板地着色, 1784年, 部分）
東京国立博物館 所蔵　Image: TNM Image Archives

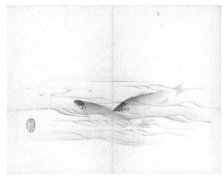

A. 「玉泉習画帖」(龍)、「香魚」(1891年)奈良教育大学 所蔵

B. 「青楓香魚」(掛幅、1911年、部分)奈良教育大学 所蔵

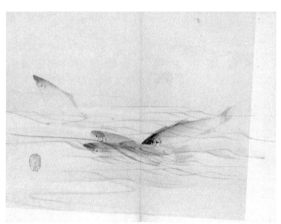

C. 上記 A. B. の重ね合わせ

図6: 画像編集アプリケーションによる近似性の検討(Adobe Photoshop CS6を使用)

　図6において比較を試みたのは、『玉泉習画帖』(1891)に掲載された「香魚」という画題の頁(図中のA)と、同教科書を作成した望月玉泉による掛幅「青楓香魚」(1911、図中のB)である。両者の間に、描かれた香魚(鮎)の数の違いがあるが、両者の近似性は高いといえる。『玉泉習画帖』に描かれた右側の鮎と「青楓香魚」の右端の鮎が特によく似た描写であることに着目し、重ね合わせを試みた(図中のC、「青柳香魚」の図版には右に約3度の回転をかけている)。重ね合わせた画像を確認すると、鮎の口元から目、鰓にかけての構造がほぼ一致していることがわかる。鰭と尾の形、頭部から背にかけての輪郭に若干のずれが見られたが、魚体の形と大きさがほぼ一致した。この一致がどのような事実を示しているのかについては、傍証となる他の資料等をさらに収集・分析しなければ判断が難しい。現時点では両者が同一または類似の下図から制作されたのではないかと推測している。上げ写しをしたと判断できるほどの同一性は確認されていない上に、画家が木版印刷された毛筆画教科書をトレースして掛幅を制作したとも考えにくい。このため、画家が所

有する下図が両者に活用されたと考えるのが合理的である。ここでは,明治時代の毛筆画教科書は,作成者の画業とかなり近い位置にあったという点を結論としておきたい。

　以上,教科書に掲載された図版を一次資料として扱う際に,画像編集アプリケーションによってエビデンスとなる合成画像を作成するという加工方法を中心に紹介した。この研究手法は,教科書図版を対象とした美術教育史研究の一方法として,汎用性があると考える。教科書図版と作成者の画業との関連を検証するだけでなく,すでに指摘されている教科書図版と引用元との関係を対象として,引用の精度を評価することも可能である。

(3)画像編集アプリケーションの活用に向けた教科書図版の収集方法

　本節においては,筆者の所属大学が所蔵する教科書等を分析対象としたが,過去の教科書を入手することは散逸が進む今後,ますます難しくなると思われる。また,図書館等で貴重書とされる教科書を閲覧・撮影することはできても,電子スキャナー等での読み取り作業を実施することは困難であると考えられる。そこで例えば,教科書図版をデジタル化およびWeb公開している,下記のデータベース等の研究資源を活用することも有効な選択肢であると考える。

　　・近代日本図画手工教科書データベース[14]
　　・国立教育政策研究所教育図書館[15]
　　・東京学芸大学附属図書館[16]
　　・広島大学図書館[17]

　上記データベース等で入手した画像を活用して学術論文等を公表する場合は,画像使用の条件や許容される加工の範囲等についてデータベースを運用する機関等に相談・確認することが必要であるが,公開ずみの一次資料を新たな発想で分析・加工することによって,独自性のある美術教育史研究を進めることも十分に可能であると考えられる。

4………おわりに

　本稿を執筆することを通して改めて実感したのは,やはり多くの優れた研究方法に学ぶことの必要性である。そのためには,他の研究者が執筆した研究論文を読む,あるいは学会発表を聴く際に,研究方法や提示方法(見せ方)に注目することも自身の研究を幅広いものにすることに役立つと考えられる。本稿・第2節においては,すでに確立されている研究方法を援用して,時代と地域を絞ることで行政文書の有効活用を可能にするという筆者の研究について紹介した。そして第3節では,教科書に掲載された図版をデジタル化することによって,特色ある研究方法を生み出すことができることについて提示した。いずれも筆者が試みたのは,わずかな視点の導入に過ぎないと考えている。しかし,このわずかな試みを地道に積み重ねていくことが,自身の研究を発展・深化させることにつながるのではないかと思う。一つの研究において一つの試み。今後も筆者は,そこにこだわって

いきたいと考える。

　そして,これから競争的研究費を獲得しようとしている方,博士課程への進学を計画している方が研究計画書を作成するに当たってのアドバイスがある。研究計画書においても重視していただきたいのが,独自性のある研究方法を簡潔に記述するということである。例えば,「毛筆画教育に関する記載が含まれる一次資料をアーカイブし,各学校での勤務教員と使用教科書の情報をクロスさせた年表を作成する」,「一次資料を分析する際は,画像編集アプリケーションによる画像照合法を採用する」のように,読み手がイメージしやすい記述にすると,実現可能性が高いと評価される研究計画書に近づくのではないだろうか。研究目的に学術的な意義があるということはもちろん重要であるが,具体的でユニークな研究方法が提示された研究計画書は,とても魅力的である。

　最後に自戒をこめて,客観性と論理性を伴った研究活動の大切さを述べておきたい。これから調査や研究を開始する方は,多くの発見や驚きを経験すると想像する。筆者もこれまで,そのような楽しさを多く味わってきたが,それらの一つ一つに左右されない俯瞰的な見方,すなわち「研究的な視点」を保って研究を進めることが大切なのではないかと考える。この「研究的な視点」を先鋭化させていくことは,今後の筆者にとって大切なテーマである。

［参考情報］

金子一夫『近代日本美術教育の研究 −明治時代−』ほか,本文・第3節に挙げた研究成果他多数
教科書図版をWeb公開しているデータベース等に関しての情報は,本文・第3節,および註14)〜17)を参照のこと。

［註］

1)金子一夫『近代日本美術教育の研究 −明治時代−』中央公論美術出版,1992.
2)赤木里香子「戦前日本美術教育史研究の歴史 美術教育史研究の起源と発展」,金子一夫責任編集『美術教育学叢書2 美術教育学の歴史から』2019,美術科教育学会,p.24.
3)定義の検討に当たっては,下記の用語辞典を参考にした。
JapanKnowledge「一次資料」『図書館情報学用語辞典』第5版,〈https://japanknowledge.com〉,2021年9月29日閲覧。
4)金子,前掲註1)
5)長瀬達也「戦前・戦後の地方美術教育史」,金子一夫責任編集『美術教育学叢書2 美術教育学の歴史から』美術科教育学会,2019,pp.44-45.
6)第2・3節の執筆に当たり,下記の発表ずみ論文を参照・引用した(必要に応じて新たな加筆を行っている)。図表の引用・転載については後掲。
竹内晋平「明治期毛筆画教科書『玉泉習画帖』にみられる図画教育観 −京都市立芸術大学所蔵の粉本群(望月玉泉筆)

との図像比較を通して−（教科書研究奨励金交付論文）」『中研紀要教科書フォーラム』第12号，2014，pp.16-32.

竹内晋平「京都府画学校関係者による毛筆画教育への関与（1）−京都府内女学校への出講と教科書作成の状況を中心に−」『美術教育学』第37号，2016，pp.269-285.

竹内晋平「京都府画学校関係者による毛筆画教育への関与（2）−『玉泉習画帖』に掲載されたモチーフの意味−」『美術教育学』第38号，2017，pp.327-341.

7）大阪府公文書館，「大阪府公文書館FAQ・レファレンス」，大阪府公文書館公式ウェブサイト，

〈https://archives.pref.osaka.lg.jp/search/image/faq.pdf〉，2021年9月28日閲覧。

8）京都府立京都学・歴彩館（京都市左京区下鴨半木町1-29）

9）京都府立京都学・歴彩館，「京都府立京都学・歴彩館デジタルアーカイブ（公開）」，京都府立京都学・歴彩館公式ウェブサイト，〈http://www.archives.kyoto.jp/websearchpe/〉，2021年9月28日閲覧。

10）「KuroNetくずし字認識サービス」およびスマートフォン等で使用できる「みを（miwo）-AIくずし字認識アプリ」が，人文学オープンデータ共同利用センターから提供されている。詳細については下記URL（人文学オープンデータ共同利用センター公式ウェブサイト）を参照のこと。

〈http://codh.rois.ac.jp/〉，2021年9月28日閲覧。

11）略記した出典の詳細は，下記の論文を参照のこと。

竹内，前掲註6），「京都府画学校関係者による毛筆画教育への関与（1）−京都府内女学校への出講と教科書作成の状況を中心に−」，pp.269-285.

12）金子，前掲註1），pp.153-259.

13）中村隆文『「視線」からみた日本近代 −明治期図画教育史研究』京都大学学術出版会，2000.

14）近代日本図画手工教科書データベース（科学研究費基盤研究（B）「明治期図画手工教科書データベース構築に向けた総合的調査研究」（研究代表:赤木里香子・岡山大学，研究課題／領域番号 15H03502），科学研究費基盤研究（B）「明治期図画手工教科書データベースの充実と活用に基づく教科横断的な学習の史的研究」（研究代表:赤木里香子・岡山大学，研究課題／領域番号 19H01677）による研究成果），〈http://dista.ccsv.okayama-u.ac.jp/ja〉，2022年1月20日閲覧。

15）国立教育政策研究所教育図書館，「近代教科書デジタルアーカイブ」，国立教育政策研究所教育図書館公式ウェブサイト，〈https://www.nier.go.jp/library/textbooks/〉，2021年9月29日閲覧。

16）東京学芸大学附属図書館，「東京学芸大学附属図書館デジタルアーカイブ」，東京学芸大学附属図書館公式ウェブサイト，〈https://library.u-gakugei.ac.jp/digitalarchive/meijisearch.html〉，2021年9月29日閲覧。

17）広島大学図書館，「広島大学図書館教科書コレクション画像データベース」，広島大学図書館公式ウェブサイト，〈http://dc.lib.hiroshima-u.ac.jp/text/〉，2021年9月29日閲覧。

［図表の出典］

図1:筆者の構想をもとにして美術教育学叢書編集委員会作成。

図2:「京都府庁文書」（京都府立京都学・歴彩館所蔵）。

図3:同上。

図4:『玉泉習画帖』（奈良教育大学所蔵）。

図5:「朝顔狗子図杉戸」（東京国立博物館所蔵）。Image: TNM Image Archives

図6:『玉泉習画帖』（奈良教育大学所蔵），「青楓香魚」（奈良教育大学所蔵）下記論文に掲載された図を参考にして新たに作成。

竹内，前掲註6），「明治期毛筆画教科書『玉泉習画帖』にみられる図画教育観 −京都市立芸術大学所蔵の粉本群（望月玉泉筆）との図像比較を通して−（教科書研究奨励金交付論文）」。

表1:下記論文に掲載された表を転載。

竹内，前掲註6），「京都府画学校関係者による毛筆画教育への関与（1）−京都府内女学校への出講と教科書作成の状況を中心に−」。

海外美術教育史の研究手法と実際

中村和世
NAKAMURA Kazuyo

1………私の研究テーマと研究手法の視座

　本章では,海外美術教育史に関わる基本的な研究手法を紹介する。私のライフワークとなって
いる研究には,ジョン・デューイの民主主義による美術教育をテーマとした史的研究がある。紹介に
際しては,このテーマによる私の研究論文 "A Progressive Vision of Democratizing Art: Dewey's
and Barnes's Experiments in Art Education in the 1920s" [1]「芸術を民主化する進歩主義のビジョ
ン:1920年代におけるデューイとバーンズの美術教育の実験」)を実例として,史料調査を通して
歴史像が構築されるまでの具体的な作業工程を示す。
　デューイの美術教育に関心を持ったのは,インディアナ大学に在籍した学生の頃である。所属し
ていた研究室にデューイ研究の伝統があり,デューイの著書である『民主主義と教育』,『経験と
しての芸術』,『思考の方法』等に親しみ,学校教育で美術が教えられる根拠を考え始めたことが
発端である。専攻は美術教育,副専攻は教育哲学と芸術学であったが,博士課程を修了後,教
育哲学の領域で著名なイリノイ大学のワルター・ファインバーグ教授のもとで,研究員としてデューイ
研究を行う機会に恵まれ,約3年ばかり,イリノイ大学に在籍した。教授の紹介で,南イリノイ大学の
デューイ研究所や同大学モーリス図書館の文書館等を訪問して,デューイが美術教育について
語っているオリジナルの書簡に触れ,深い感動を覚え,これより,今日に至るまで,デューイの美術教育
に関する史的研究を続けている。長年にわたって研究への興味が持続している理由は,主に二つ
ある。一つは,自分が生きているのとは異なる時空間に入り込むこと自体に知的な楽しみがあり,歴史
的にものを見る眼が養われることが実感できたからである。もう一つは,学校で扱う美術の位置付け
が不安定であった19世紀末から20世紀初頭の時代において,子どもの人格形成のための美術教
育を確立するために実際に行動したデューイ等の進歩主義教育者の精神に触れることは,美術教
育を生涯の職業としている私自身の励みになり,その思想や活動から多くを学べているからである。
　史的研究の方法論にかかわる書物は多くあるが,私の場合は,書物を読むことからではなく,
海外の文書館を実際に訪問して,一次史料に触れ,現地の文書館員と史料の解釈について意
見を交わすことなどを通して,研究方法論について意識するようになり,自らの考えを整えていった。
様々な立場から研究方法が論じられる中で,歴史哲学者であるエドワード・ハレット・カーとヘイドン・

ホワイトの理論が，私の経験に最も合致するものであり，考えを整理することに役立った。両者は，主客を分かつ近代の認識論ではなく，歴史上の事実と歴史家との相互作用に着目した新しい認識論に立って歴史の本質を論じた点で共通している。つまり，両者は，歴史の事実が自ら語るのではなく，主題を持った歴史家の解釈活動によって，歴史はつくられることを主張した。カーは，『歴史とは何か』の中で，「彼の事実を持たない歴史家は根無し草で不毛である。歴史家のいない事実は死んでいて無意味である。従って，『歴史とは何か？』という問いに対する私の答えは，歴史家と彼の事実との絶え間ない相互作用であり，現在と過去との尽きることのない対話である。」[2]と述べている。ホワイトは，『実用的な過去』の中で，「出来事とは，実際に起こったこと，過去の特定の時期にこの世界の特定の場所で起こったこと，そしてそれらが発生した文脈に何らかの識別可能な影響を与えたことのみによって『歴史的』な出来事とみなされないことを意味している。（中略）特定の単一の出来事，まとまり，または一連の出来事が『歴史的な』と見なされるためには，その出来事，まとまり，または一連の出来事が，ストーリーのプロット内の要素の属性を持つかのように有効に描くことができなければならない。」[3]と述べている。

　学校教育を対象とした研究職に就いている限り，今ある現実から切り離されたいわゆる「歴史学的過去」に閉じた研究を行うことは，私の場合，困難であって，今ある美術教育を少しでもよくするために，過去から何が学べるのかという問いが常にあった。この問いが頭の隅にあり，この問いのもとで，歴史上の事実を認識したり，選択したり，意味を解釈したりするといった，カーの言う「現在と過去との尽きることのない対話」が自然と行われたように思う。史料に何度も目を通していると，時空間が離れていても，その時代に生きたデューイ等の精神が感じられるようになる。私は，これが，歴史の研究を行うものにとって重要であり，感じ取れる精神性を表現できる史的研究に仕上げることが必要であると考えている。従って，歴史家の仕事は，過去の出来事の一覧を年代順に並べることに尽きるのではなく，プロットを用いてある精神を表す表現性のある作品に仕上げることであると言ったホワイトの主張は納得できるものであり，ホワイトの歴史哲学から学びつつ，史的研究の実践を行っている。

2………私の研究手法—史的研究の作業工程の実際

(1) 史的研究の作業工程
　以下では，史的研究の具体的な進め方について示す。歴史学の専門家である遅塚忠躬は，『史学概論』の中で，歴史を扱う研究の基本的な工程を次のような五つのステップに分けて説明している[4]。
①問題関心を抱いて過去に問いかけ，問題を設定する。
②その問題設定に適した事実を発見するために，雑多な史料群のなかからその問題に関係する諸種の史料を選び出す。
③諸種の史料の記述の検討（史料批判・照合・解釈）によって，史料の背後にある事実を認識

図1: ペンシルバニア州メリオン市にある旧バーンズ財団ギャラリー正門
© The Barnes Foundation

（確認・復元・推測）する。
④考証によって認識された諸事実を素材として，さまざまな事実の間の関連（因果関係なり相互連関なり）を想定し，諸事実の意味（歴史的意義）を解釈する。
⑤その想定と解釈の結果として，最初の問題設定についての仮設（命題）を提示し，その仮説に基づいて歴史像を構築したり修正したりする。

以上のようなステップは，これまでに私が実践の中で踏んできた工程にもあてはまるので，ここでは，これを用いながら，それぞれの工程における作業の実際と配慮すべき事柄を示していく。史的研究の実例には，先に挙げた私の論文である“A Progressive Vision of Democratizing Art: Dewey's and Barnes's Experiments in Art Education in the 1920s”を用いる。本論文は，デューイと親交があったバーンズ財団ギャラリーの創設者であるアルバート・バーンズが財団職員とともに開発した1920年代の美術教育事業に関する歴史的内容を扱っている。バーンズは，医薬品の開発で財をなした富豪であり，近代美術や古代アフリカ彫刻の蒐集家・批評家として知られている。1917年にコロンビア大学のデューイの大学院セミナーに参加した出来事がきっかけとなって，デューイとの交友を深め，デューイによる民主主義の教育思想を取り入れた美術教育の開発に生涯を費やした。日本では，1994年に国立西洋美術館で開催されたバーンズ・コレクション展[5]などを通して知られている。

(2)問題設定

美術教育に限らず，すべての学問領域においては，先行研究のレビューを通して，専門とする領域における自分の研究の位置づけを明確化すること，すなわち，自分の研究は，先人による研究成果に加えてどのような新しい知見を生み出すのかを明確に示す必要がある。私の研究は美術教育が対象ではあるが，教育哲学や教育史の隣接領域と交差する学際的な領域にあり，先行研究のレビューは，これら3領域において行った。

最初に目を通したのは，米国の美術教育の通史を扱っているアーサー・エフランド，フレデリック・ローガン，フォスター・ワイガント，ピーター・スミス等の歴史書である[6]。いずれの歴史書でも，20世紀前半の進歩主義教育運動によって学校における美術教育は，職業訓練的なものから，子どもの自己表現や創造性を主眼とするものに転換され，正課としての位置づけを獲得していったことが記されている。デューイの美術教育に関しては，デューイが創設したシカゴ大学実験学校について多

くのページが割かれているものの,バーンズ財団の美術教育事業については皆無もしくはわずかしか記述がない。これは,バーンズ財団文書館は,そもそもバーンズの私有物であって,一般には非公開であり,近年まで調査が閉ざされていたことが主な理由であると思われる。私は,この文書館の存在について,イリノイ大学在籍時に,ファインバーグ教授から学び,調査研究を開始した。

　教育哲学の先行研究レビューでは,エリオット・アイスナーの師であるデューイ研究者のフィリップ・ジャクソンの研究[7]から,美学書として知られているデューイの『経験としての芸術』は教育書であり,近代が軽視した主観に含まれる精神性を現代において回復するといった今日的意義が,デューイの芸術論にはあることを確認した。また,デューイの称賛者であるハーバート・リードの『芸術による教育』[8]から,リードは,民主主義社会における教育の視座をデューイと共有していることを知り,美術教育学の巨匠である両者が実現しようとした個人の個性の発達と社会との有機的な調和といった教育の考え方は,民主主義による美術教育をテーマとした私の研究を進める上でも軸となった。教育史の先行研究レビューでは,特に,コロンビア大学で教鞭を執ったローレンス・クレミンの歴史書[9]から,進歩主義教育の神髄を理解した。その神髄は,科学や芸術の成果は,特権階級や裕福な人々のみではなく,すべての市民が共有すべきものであり,個性の区別を生み出し,精神を養う芸術や余暇の使い方に関わる内容を扱うことは学校の公的責任であるといった考え方にある。このような考え方を大局的な視点として持ちながら,20世紀前半の財団による進歩主義教育運動の史的研究を行った。

　3領域を交差する先行研究のレビューより,デューイとバーンズは,それぞれの芸術論の形成において,相互影響があったことが認識されているものの,創設時において,バーンズ財団の美術教育事業がどのように展開されたのか,その実像については史的研究が進められていないことが確認された。これを踏まえて,問題を「芸術の民主化を主眼とする進歩主義教育の実験として,創設期のバーンズ財団では,どのような美術教育が開発され,それは美術教育界にどのような影響をもたらしたのか」と定めて,調査研究に取り組んだ。

　この工程において出会った困難は,デューイが生きた時代から約100年を経た今日では,レビューしきれないほどの膨大な文献が蓄積されていることである。これについては,デューイの流れを汲む直弟子等による研究を中心にレビューするほか,教育哲学や教育史が専門である知人に領域で価値づけられている文献を教えていただき,選択的にレビューすることで対処した。

(3) 史料収集

　先述したように,バーンズ財団に関わる記録文書を保管している財団文書館は,近年まで使用が制限されており,私が使用許可を得たのは,交渉を始めて約10年後の2010年のことであった。この間,南イリノイ大学モーリス図書館の文書館,財団と関わりの深かったフィラデルフィア美術館やペンシルバニア大学等の文書館を通して,関連する史料収集に努めた。バーンズ財団文書館を除く場所から得られた史料で報告書をつくることもできたが,これは避け,バーンズ財団からの使用許可を待った。2010年に使用が許されたときには,それまで通信を取ってくださっていたケイティ・

図2: 旧バーンズ財団ギャラリー第22展示室（1952年頃）　© The Barnes Foundation

ロードン氏，バーバラ・ベアウカー氏が温かく迎えてくださり，私の調査研究に関わる史料の探索を手伝ってくださった。財団文書館の記録文書をカタログ化し自らも史的研究を行うこの2人の文書館員の支援を得たことは私にとって幸運であり，地域の事情にも詳しい2人から得られる情報は，史実を解釈したり歴史像を構築したりする上でのカギとなった。例えば，ベアウカー氏からは，財団の歴史を知る上で欠かせない基本文献をご紹介いただき，数ある先行研究に示された情報の中でどれが妥当であり妥当でないのかを見分けることに役立った。

　史料には，デューイやバーンズが残した手紙や文書，財団創設時の美術教育事業の記録文書等の一次史料，二次資料として財団職員が記した財団の歴史書等を収集した。また，文字史料と合わせて写真や音声による講演記録等の非文字史料の収集も行った。主要な非文字史料には，今日まで継続する財団ギャラリーの作品展示室の写真が挙げられる。図2にあるように，バーンズが考案した作品展示の方法は，年代順や作家等のカテゴリーによって陳列されておらず，近代美術とアフリカ彫刻等が隣り合わせに並べられ，一見したところ，奇妙に見える。このような展示の在り方は，調査を進めていく中で，鑑識眼の育成を目的とした教育装置として開発されたことが分かり，バーンズの美術教育法を理解する上でカギとなった。20世紀初頭においては，アフリカ彫刻は，一般的に民俗学の対象として扱われていた。そのような中で，バーンズは，アフリカ彫刻のピカソ，モディリアーニ，マチス等の芸術への本質的な影響を，研究を踏まえて指摘した批評家の一人として数えら

れる。バーンズの研究を反映した展示室において,鑑賞者は,それぞれの西洋作家が異文化の造形から何を学び,自らの創造に生かしていったのかを自分の目で探索することが期待されている。

(4) 史料批判と事実の認識

史料の背後にある事実を推測する上で,史料が贋作ではないか,史料に示された事実は信頼性があるかなどを検討する史料批判は欠かせない作業である。東京大学教養学部歴史学部会の三谷博は,史料批判に当たっては,「1)当事者の遺した史料を優先する(例:第三者の噂は信頼性が低い),2)時間的近接性の高い史料を優先する(例:後の回想や日記は信頼性が低い),3)執筆者の信頼性をその利害関係と証言の一貫性の観点から慎重に吟味する」[10]などの手続きが重要となることを述べている。この工程に際しては,文書館に残された史料がどのような経緯を経てその場所に保管されるようになったのか,信頼性のある出所であるかどうかを確認するほか,単一ではなく複数の史料において記録や証言に一致が見られるかどうかを見て取り,事実を確定するように心掛けた。例えば,デューイ研究者の間で解釈が分かれるのは,デューイは創設時の財団の刊行物に「教育ディレクター」として名前が挙げられているが,美術教育事業の開発に実際に携わったのか,それとも,単なる名前のみの名誉職であったのかどうかということがある。これについては,バーンズ財団文書館に残されたデューイとバーンズの史料,他の機関である大学文書館等に残る別の種類の史料にある事実との照合を通して,デューイが実際に活動したことを確認している。発見された事実としては,デューイは,財団の職員に弟子であるトーマス・マンローを推薦し,財団のみでなく,ペンシルバニア大学や自分が所属するコロンビア大学において,財団ギャラリーを活用した新しいコースを開発させたこと,開発に際して生じた問題に対して,デューイはバーンズの相談を受け,開発が順調に進むように助言や支援を行ったこと,また,デューイは自らの著書『経験としての芸術』の中に,財団が実験した美術教育の内容を入れていることなどが含まれる。

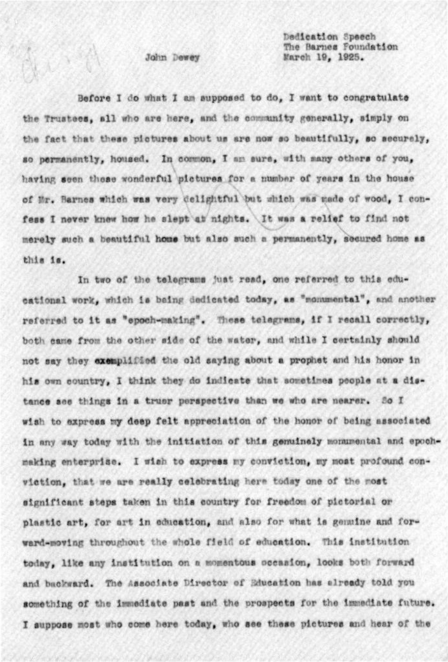

Dedication Speech
The Barnes Foundation
John Dewey March 19, 1925.

Before I do what I am supposed to do, I want to congratulate the Trustees, all who are here, and the community generally, simply on the fact that these pictures about us are now so beautifully, so securely, so permanently, housed. In common, I am sure, with many others of you, having seen these wonderful pictures for a number of years in the house of Mr. Barnes which was very delightful but which was made of wood, I confess I never knew how he slept at nights. It was a relief to find not merely such a beautiful home but also such a permanently, secured home as this is.

In two of the telegrams just read, one referred to this educational work, which is being dedicated today, as "monumental", and another referred to it as "epoch-making". These telegrams, if I recall correctly, both came from the other side of the water, and while I certainly should not say they exemplified the old saying about a prophet and his honor in his own country, I think they do indicate that sometimes people at a distance see things in a truer perspective than we who are nearer. So I wish to express my deep felt appreciation of the honor of being associated in any way today with the initiation of this genuinely monumental and epoch-making enterprise. I wish to express my conviction, my most profound conviction, that we are really celebrating here today one of the most significant steps taken in this country for freedom of pictorial or plastic art, for art in education, and also for what is genuine and forward-moving throughout the whole field of education. This institution today, like any institution on a momentous occasion, looks both forward and backward. The Associate Director of Education has already told you something of the immediate past and the prospects for the immediate future. I suppose most who come here today, who see these pictures and hear of the

図3: デューイのバーンズ財団除幕式における講演原稿
© The Barnes Foundation

(5) 歴史的意義の解釈

歴史上の諸事実から浮かび上がるバーンズが財団創設を通して推進した美術教育事業の

歴史的意義の解釈の工程では、ホワイトのいうストーリーのプロットを意識し、諸事実を一つのイメージのもとで意図的に組織化した。具体的には、それ以前に学校や大学等で行われていた美術教育と比較して、民主主義によるどのような新しい美術教育が切り拓かれたのかという点から、諸事実を照らし紡ぎ合わせる作業を通して、解釈に当たった。進歩主義以前の旧体制では、教養と実用の分離が存続しており、美の鑑賞は、少数の特権階級に限られ、日常からは離れた美術館や音楽ホール等の特別な場所での出来事であるといった考え方が一般的であった。学校で扱われる美術は、どちらかといえば職業訓練的であり、その地位は不安定であった。デューイは、美の生産や鑑賞は「一般人の散歩や会話の生活の一部となり、それによって民主主義の人々の正当な遺産の一部となる」[11]べきであると考えたが、バーンズは、この考え方に沿って、階級や人種等に関係なく、あらゆる人々の日常生活の中で生きて働く審美眼を発達させる美術教育の実現を図っている。財団文書館に保管されている図3の財団除幕式でのデューイの講演原稿には、財団の事業が公教育における美術教育の向上に大いに資するという予見とともに、「記念すべき画期的な事業」[12]であるとの評価が記されている。

　事業の新規性については、デューイとバーンズが共有した民主主義による美術教育のビジョンを踏まえながら、財団が創設した1920年代のペンシルバニア大学やコロンビア大学等における鑑賞コースの具体的な内容に関する史実の解釈に当たり、考察を進めた。少数のエリートのみではなく、すべての人々が教養の本質である自律的思考や審美眼を持つべきであるといった民主主義の考えが、コースで用いられた鑑賞法にも適用されており、受講生は、自らの視点から作品と主体的に対話し、作家の問題や関心、材料選択、造形要素である線、色、光の特徴や組織化、伝統からの借用と創造を読み取ることを通して、自己の思考や審美眼を深めることが求められた。この方法は、バーンズ独自の考え方のもとでデューイが提案した思考方法を組み入れていることを特徴とし、当時、主流であったアーサー・ダウやフランツ・チゼックの方法とも異なり、鑑賞法の新機軸を開くものであった。

　この工程では、歴史的出来事に登場する人物として誰を取り上げるかという問題が起こり、財団で鑑賞コースを担当した職員は複数いるが、デューイとバーンズが共有した民主主義の理念を最も深く理解していると判断される両者の弟子のマンローによる実践を中心的に扱い、開発された鑑賞法を分析し、その新規性を踏まえて事業の歴史的意義の解釈に当たった。

(6) 歴史像の構築

　バーンズ財団創設期の美術教育事業は、理念並びに方法において時代を画するものであったが、1924年から開始されたペンシルバニア大学とコロンビア大学との連携による財団の鑑賞コースは1927年までに中止され、後に再度、ペンシルバニア大学で再開されるが、大きな成功を収めておらず、デューイが予期し、バーンズが意図したほど影響を及ぼさなかった。成功に至らなかった主な理由として、理想と現実との間に大きな隔たりがあったことを推測している。この推測の根拠として、当時の学校における美術は、教養ではなく実用教科とみなされるのがまだ一般的であって、その内

容は装飾や技術訓練が中心的であったこと，1920年代は，主要な大学でさえ，美術史や美術鑑賞のコースはほとんど開設されておらず，財団の鑑賞コースが扱う近代美術は，当時においては，非常に新しいトピックであったこと，バーンズの方法は，一般的に認識されている方法とは全く異なるものであったため，容易に定着しなかったことを挙げている。加えて，バーンズが非常に厳格で相容れない性格を持ち，これが他機関等との連携の継続を困難にしたこともその一因に挙げている。

　以上の歴史像を構築するに当たっては，一事業としての財団の歴史を超えて，米国美術教育史の学術研究の文脈から，美術教育の発展史上，何を新しく進展させたのか，その歴史的意義の明確化を図り，歴史上，注目に値する進歩主義の知的遺産として位置づけられることを提示している。

3………未来に向けて

　デューイとバーンズの関係性や美術教育を扱った研究は，世界各地で今日に継続して進められている。私の研究テーマと関わる最近の研究としては，米国の美術館教育史の文脈から財団の美術教育を研究したジョージ・ハインの『進歩主義の美術館実践』[13]（2012年），バーンズ財団の成り立ちやバーンズの芸術論の特性，財団を取りまく論争をまとめたネイル・ルーデンシュタインの『バーンズの館：人間，コレクション，論争』[14]（2012年），バーンズ財団のアフリカ芸術コレクションの研究書であるクリスタ・クラークの『バーンズ財団のアフリカ芸術：黒人芸術とハーレム・ルネッサンスの勝利』[15]（2015年）等がある。これらはいずれもバーンズ財団から承認された研究者によって執筆されたものであり信頼性も高い。2022年には，財団創設100周年の記念事業として，財団の歴史ある美術教育に関する研究書が発刊される予定である。以上のほか，デューイ研究の立場からは，芸術家や学芸員の在り方をデューイの民主的社会論を踏まえて提起しているマリー・ジェイコブの『デューイと芸術家』[16]（2018年）や，デューイの進歩主義の教育思想の今日的意義を再評価したワルター・ファインバーグの『デューイと教育』[17]（2018年）が出版されている。国内では，日本デューイ学会編による『民主主義と教育』公刊100年を記念した『民主主義と教育の再創造』[18]が2020年に刊行され，『民主主義と教育』の今日的な意義や教育への示唆が再検討されている。

　学生の頃，素朴な関心から始めたこの研究は，いつの間にか，ライフワークとなり，今となっては，この研究なしでは，人生は考えられないほどだ。デューイの民主主義による美術教育の史的研究をスタートしてから，約20年が経ち，教育史を専門とする友人から歴史の研究は50歳を過ぎてからやっと一人前にできるようになるものだという言葉に励まされている。これからまだ進めたい史的研究はいくつかあるが，「『個人は社会に適応するように作るのではなくして社会を改造するように個人が自らを教育しなければならない』とデューイとかが云ったそうですが，まったくです。」[19]と言った大正期の山本鼎による自由画教育運動について，デューイによる美術教育の運動と比較研究してみたいと考えている。これから研究を始める人は，生活ができる限りは続けたいと思えるような，天職を拓くことにもつながる研究テーマを見出されることを願っている。

謝辞

バーンズ財団文書館のAmanda McKnight氏には,本章の執筆に際して資料提供の支援をいただいたことに感謝申し上げる。

[参考情報]

Jo Ann Boydston and Larry Hickman, Editors, *The Collected Works of John Dewey, 1882-1953* (2nd Release). Electronic Edition, InteLex Corp, 2003.
南イリノイ大学出版社から刊行されている以下のデューイ全集を電子版として編集したものであり,キーワード検索ができるなどの機能がある。

John Dewey, *The Early Works of John Dewey, 1882-1898*. 5 vols. Carbondale and Edwardsville: Southern Illinois University Press, 1972.

_____, *The Middle Works of John Dewey, 1899-1924*. 15 vols. Carbondale and Edwardsville: Southern Illinois University Press, 1978.

_____, *The Later Works of John Dewey, 1925-1953*. 17 vols. Carbondale and Edwardsville: Southern Illinois University Press, 1985.

_____, *The Collected Works of John Dewey, 1882-1953. Supplementary Volume 1: 1884-1951*. Carbondale and Edwardsville: Southern Illinois University Press, 2008.

Larry Hickman, Editor, *The Correspondence of John Dewey, 1871-2007 (I-IV). Electronic Edition*, InteLex Corp, 2008.
デューイ研究所の元・所長であるラリー・ヒックマン教授によって編集されたデューイ書簡集。

[註]

1) Kazuyo Nakamura, "A Progressive Vision of Democratizing Art: Dewey's and Barnes's Experiments in Art Education," *The Journal of Aesthetic Education*, vol.53, no.1, 2019, pp. 25-42.

2) Edward Hallett Carr, *What is History*, Random House, 1961, p. 35. [E. H.カー著,清水幾太郎訳『歴史とは何か』岩波新書, 2009年,p.40.]

3) Hayden White, *The Practical Past*, Northwestern University Press, 2014, p.53. [ヘイドン・ホワイト著,上村忠男監訳『実用的な過去』岩波書店,2017年,p.85.]

4) 遅塚忠躬,『史学概論』東京大学出版会,2018年,p.116.

5) *Great French Paintings from the Barnes Foundation: From Cézanne to Matisse*, Alfred A. Knopf, 1993.[馬渕明子監訳『印象派の宝庫　バーンズ・コレクション』講談社,1993年]

6) Arthur D. Efland, *A History of Art Education*, Teachers College Press, 1990. Frederick M. Morgan, *Growth of Art in American Schools*, Harper & Brothers, 1955. Foster Wygant, *Art in American Schools in the Nineteenth Century*, Interwood Press, 1993. Peter Smith, *The History of American Art Education: Learning about Art in American Schools*, Greenwood Press, 1996.

7) Philip W. Jackson, *John Dewey and the Lessons of Art*, Yale University Press, 1998.

8) Herbert Read, *Education through Art*, Faber, 1958.[宮脇 理・岩﨑 清・直江俊雄訳『芸術による教育』フィルムアート社,2001年]

9) Lawrence A. Cremin, *The Transformation of the School: Progressivism in American Education, 1876–1957*, Vintage Books, 1964, p. ix.

10) 東京大学教養学部歴史学部会編『史料学入門』岩波書店,2006年,p. 6.

11) J. Dewey, "Art as Our Heritage," *The Later Works of John Dewey, 1925-1953*: Vol. 14, Southern Illinois University Press, 1985, p.258.

12) John Dewey, Transcription of "Dedication Speech," 19 March 1925, Early Education Records, Barnes Foundation

Archives, Philadelphia, PA. Reprinted with Permission.

13) George. E. Hein, *Progressive Museum Practice: John Dewey and Democracy*. Walnut Creek: Left Coast Press, 2012.

14) Neil L. Rudenstine, *The House of Barnes: The Man, the Collection, the Controversy*, American Philosophical Society, 2012.

15) Christa Clarke, *African Art in the Barnes Foundation: The Triumph of L'art Nègre and the Harlem Renaissance*. New York: Skira Rizzoli, 2015.

16) Mary Jane Jacob, *Dewey for Artists*, the University of Chicago Press, 2018.

17) Walter Feinberg, *Dewey and Education*, Routledge, 2018.

18) 日本デューイ学会編『民主主義と教育の再創造—デューイ研究の未来へ—』勁草書房, 2020年.

19) 山本 鼎「草の上」『藝術自由教育（復刻版）』(1921年9月号) 久山社, 1993年, p.52.

子どもの造形表現行為の根源的な在りようを問う
「造形遊び」の質的研究を通して

村田 透
MURATA Toru

1………私の研究テーマと方法

　私の研究テーマは,子どもが造形表現行為をすることの根源的な在りよう(何故,子どもは造形表現行為をするのか,造形表現行為によって何をつくりだし,かつ何を学んでいるのか)を明らかとすることである。

　私がこの研究テーマに取り組むきっかけは,教員養成系大学大学院在籍時,小学校における図画工作「造形遊びをする活動」や幼稚園・保育所における「好きな遊びをする時間」(砂場遊び,色水遊びなど)での子どもたちとの出会いである。その場で子どもたちは,思いのままに材料・用具・場・大人・友達などとかかわり,材料・用具の特性(形,色,感触など)に親しんだり,材料・用具のいかし方を工夫したり,自分で目的を見付けたりして,造形表現に夢中となっていた。

　当時学生であった私にとって,この子どもたちの造形表現行為は衝撃的であった。なぜならば,図工・美術=作品制作という私の常識を揺さぶったからである。子どもたちは,発見やできるようになることを喜んだり,葛藤や矛盾を乗り越えようとする試行錯誤や創意工夫をしたり,友達や大人などと人間関係や場づくりをしていた。そのような人間の根源的な生きる営みそのものといえる子どもの造形表現行為に対して,私は魅了され,上記の研究テーマを「造形遊びをする活動」(幼・保の造形的な「好きな遊びをする時間」を含む)を通して明らかにすることに取り組みはじめた。

　「造形遊びをする活動」は,図画工作科の「A表現」の内容の一つであり,昭和52(1977)年の学習指導要領改訂において,低学年対象の「造形的な遊び」として導入された。さらに平成元(1989)年の改訂では,低・中学年対象の「造形遊び」となり,「新しい学力観」に立つ図画工作科の中心的な内容として位置付けられた[1]。さらに平成10(1998)年の改訂では,対象を全学年に拡大して現在に至る(以降,「造形遊び」と統一して記す)。平成29(2017)年の改訂にて,「造形遊び」とは遊びがもつ教育的な意義と能動的で創造的な性格に着目した造形活動であり,三つの資質・能力(知識・技能,思考力・判断力・表現力等,学びに向かう力・人間性)を一体的に育成する意図的な学習と位置づけている[2]。

　この図画工作科「造形遊び」における子どもの学びの在りようを明らかとするためには,子どもの遊びそのものを理解する必要がある。松本健義は,日常生活場面における子どもの造形的な遊び

とは,「意図・目的・イメージ→計画→表現行為→作品→鑑賞」という順序だったプロセスではなく,自他相互の行為の中からイメージや意図・目的が生まれてくる「場当たり的」「状況依存的」「相互的」な在りようであると述べる[3]。

　私は研究テーマを明らかとするために,エスノメソドロジーや相互行為分析などの現象学的アプローチを用いた質的研究に取り組んでいる。エスノメソドロジーとは「常識」で隠蔽されている「日常」を,具体的な場面で他の人々とともに推論し行為し,協働して現実を達成している「協働作業 reality works」の場として〈いま―ここ〉の現実に即して凝視し,意味生成の場としての「日常」を明らかにする方法である[4]。相互行為分析とは,社会秩序が規範的秩序としてどのように組み上げられていくかを丹念に例示し,社会秩序についての概観をえることである[5]。そのため相互行為分析では,人々のありのままの行為や音声(発話,会話)を記述したトランスクリプトを作成する。

　このような現象学的アプローチを用いた「造形遊び」の質的研究によって,私は大人の見方・考え方(真偽,適切さ,価値,効用,論理一貫性,道徳性,倫理性など)を一時停止し,子どもの造形表現行為の「方法」や「理論」を虚心に見つめて事例を分析・考察している。「造形遊び」の実践・観察・分析・考察は,研究メンバー(研究者,教職員,学生など)を編成して協働的・継続的に行っている。実践の際,研究メンバーは主たる「造形遊び」の実践者(授業者,保育者),子どもの「造形遊び」への支援者,観察者の役割分担をする。観察者は関与観察[6]しながら,ビデオやカメラを用いて記録する。実践後,研究メンバーで振り返りをして,各々が関与した事例を基にエピソード記述を作成する(一次分析)。一次分析を参照し,ビデオ動画を基に相互行為分析を行いつつ,エピソード記述の内容を精査し,研究メンバーで分析・考察を深める(二次分析)。

　質的研究において,事例の適切な記述が生命線となる。そのため私は相互行為分析とエピソード記述を併用している。エピソード記述について,(1)脱自的に見る態度,(2)感受する態度,(3)描いたエピソードが起こった出来事に本当に忠実に正直に描かれているかどうかを厳しく吟味する態度という「三つの態度」に留意して作成している[7]。

2………「造形遊び」の質的研究を通して子どもの造形表現行為の根源的在りようを問う

(1)「造形遊び」の学びの理論(〈自己〉と〈意味〉の共起的生成)

　私は研究テーマ(子どもが造形表現行為をすることの根源的な在りよう)を明らかとするために,エスノメソドロジーや相互行為分析やエピソード記述などのアプローチにくわえ,子どもの造形表現行為の意味それ自体を考察するために学際的な理論研究(自己・他者論,言語論,記号論,身体論,発達論など)に取り組んでいる。

　子どもの造形表現行為の意味を明らかにする手がかりの一つとして,私は西野範夫による「造形遊び」の学びの理論を援用している。西野は学びとは,本来,学ぶ主体の子ども一人一人の〈生〉が関与するアクチュアルな〈できごと〉であると述べる。その一方,近代性の社会構造のまっ

ただ中で学校化した価値観の枠組みにおける図画工作・美術科の学びは,制度化・権力化し一義的・固定化した「もの―意味」として扱われてきたため,子どもの思考や表現・行為を規制・管理・統制して,一人一人の〈生〉から切り離してきたと述べる。さらに,本来〈自己(私)〉とは,一義的・固定化した「もの」化した存在ではなく,常に世界と「あいだ」の関係性を生きる「こと」的な存在であると述べる[8]。西野は,可能性や柔軟性がある〈自己(私)〉[9]をつくりだす〈できごと〉としての〈学び〉が教育の基礎学であり,自分が自分として生きる意味と存在を獲得する〈生〉の行為であると位置づける。西野は,そのような根源的で創造的な〈生〉の営みを「造形遊び」の学びとして位置づけるとともに,「造形遊び」の根幹である子どもの論理を以下に述べる。

> 子どもたちは,常にすでに,「あいだ」に生きているということができる。この自己と世界の「あいだ」,自己と相手,自己と自己,つまり,前の自己と次の自己,自己の表層と自己の深層との「あいだ」という多様な「あいだ」における新しい出会いとしての〈できごと〉という「こと」性を楽しみながら,今というときを,〈私〉を立ち上げ,アクチュアルに生きているといえる。(西野,2000)[10]

　この西野の〈自己(私)〉のとらえ方は,木村敏の自己論とのかかわりを見出すことができる。木村は自己について,意識の表層と深層を両義的に媒介するあり方であり,そのつどの世界がアクチュアリティとして立ち現れてくるときの主観的・一人称的な実感であると述べる。さらに,自己とは身体をもった私と世界との界面現象であり,自己を主体(対象と具体的・実践的に関わる行為の遂行者)として位置づける。このような「自己ないし主体」にとっての世界とは,単なる事物的リアリティ(現在完了形の実在,もの)ではなく,一人称的アクチュアリティ(現在進行形の行為・活動,こと)であり,「自己ないし主体」にとっての世界である。「自己ないし主体」にとっての世界である生活場面での「現実」は,リアリティであると同時にアクチュアリティでもある。ただし,意識的自我が,対象を知覚し合理的・客観的に判断しながら言説可能なかたちで思考することで,アクチュアリティが隠蔽され,事物的リアリティを真理として錯覚に陥るのである[11]。

　さらに西野は「造形遊び」とは再現=表象としての作品づくりを目指すものではないとともに,子どもによる〈意味〉生成であると述べる。〈意味〉生成とは,「新しい意味を生産ないし生成するテクスト的な意味空間における限りない意味生成の活動」[12]のことである。〈意味〉生成は,井筒俊彦の意味分節理論[13]とのかかわりを見出すことができる。意味分節とは,人間の根源的本性であり,心(意識の表層と深層の働き)と体(経験する根拠,世界との起点)を働かせて世界(もの,こと,人)に働きかけながら,混沌とした無分節(カオス)から有分節(有意味的に織りなす世界)をつくりだす意味生成のプロセスである。

(2)「造形遊び」における子どもの造形表現行為の事例

　私は,西野による「造形遊び」の学び論,木村の「自己ないし主体」論,井筒の意味分節理論などを援用して「造形遊び」における学びを以下に定義しながら,子どもの造形表現行為の在りようや意味それ自体について分析・考察をしている。

「造形遊び」とは,自分が自分として生きる意味と存在を獲得する根源的で創造的な〈生〉の営みであり,それは〈自己(私)〉と〈意味〉の共起的生成の在りようである。つまり,「造形遊び」において子どもは身の回りの世界(もの,こと,人)との相互関係を生きる可能性や柔軟性がある〈自己(私)〉をつくりだすとともに,身の回りの世界を意味分節して個性や多様性・多義性がある〈意味〉をつくりだす(以降,〈自己(私)〉がつくりだした人,もの,ことの〈意味〉を〈　〉で表記する)。

　ここで紹介する事例は,題材名「たくさんの紙コップを使って○○○しよう」(小学校1~6年生対象のワークショップ)である(村田,2018)[14]。この題材は,白色無地の紙コップ(約1万個)を,並べたり重ねたり積んだりする行為を手がかりに,材料に直接的にかかわる過程を大切にした「造形遊び」である。子どもたち(5年生・男児:A,B,C,D)のエピソード(約20分間)について,Aを中心とした分析・考察を紹介する(表1参照)。エピソードにおける番号(EP.No.○)は行為の出現順を示す。

　活動開始から約7分間,Aは,B・C達がコップを正方形に並べて「家」を表現したり,コップを積みつづけて「円柱」にしたりする様子を見る。A自らも一人でコップを積みつづけて「円柱」にしたり,Cとコップ100個程度をスタッキングしたものを片手に持って歩き回り,それがグニャグニャと動く状態を楽しんだりする。

　一方,Bの「円柱」は崩れるが,再度「円柱」をCとつくりはじめる。その隣でAは,一人でコップを並べて「正三角形(一辺:コップ5個)」をつくり,その上にコップを積み「変形三角柱(底面の正三角形の一辺:コップ7個,高さ:コップ3段)」(Ep.No.1-1~1-2)をつくりだす。さらにAは「変形三角柱」の上にコップを7段程に積みつづけて「変形三角錐」へと変化させる。隣のB・C達の「円柱」は,コップ20段(自分達の背の高さ程)となるが,次第に傾き,全て崩れる。Aは「これは(.)なかなか強度(.)強いはずや」と言い,自分の「変形三角錐」が頑丈であることに気付く(Ep.No.1-3~1-4)。

　一方,B・C達は6人で,新たに彼らの背の高さ程の「三角形の壁」をつくるが,全て崩れる。その隣のAは「ガッチガチや」(Ep.No.1-6),「なんか(.)地味に無事やった。」(Ep.No.1-8,図1)と言い,自分の「変形三角錐」が頑丈であることに再度気付く。

　当初,A一人で行っていた「変形三角錐」づくりには,途中からDが加わる(Ep.No.1-4)。活動終盤には「三角形の壁」が崩れた後のB達6名が新たに加わり,「変形三角錐(底面の三角形の一辺:コップ11個,高さ:コップ10段)」となる(Ep.No.1-8)。

　この事例においてAがつくりだした〈自己(私)〉と〈意味〉について考察する。Aにとって紙コップは,事物的リアリティとしての単なる紙コップではなく,〈自己(私)〉がつくりだした一人称的アクチュアリティの〈意味―材料:多様な並べ方や積み方や形ができる紙コップ〉である。さらにAは〈意味―造形物・造形行為〉として〈「円柱」ができたが崩れる〉,〈スタッキングしたコップがグニャグニャと動く〉,〈「正三角形」→「変形三角柱」→「変形三角錐」ができる〉をつくりだす。くわえてAは,〈意味―造形物・造形行為:B達の「円柱」や「三角形の壁」に比べ,自分達の「変形三角錐」は小さ

時間 分：秒	Ep. No	エピソード記述 登場人物：A, B, C, D, E, F, G, H, 筆者(M)	場面の様子
07:50 10:17	1-1	B：コップ5個を円形に並べはじめ，その上にコップを積み5段の円柱とする。 A：コップを並べ，正三角形（一辺5個）とし，2段目も積む。 M：(Aへ)「きれいな三角形ができた。」= B：=「おお::::Aちゃん(.)すげ:::」	 (No. 1-1)
11:59 12:22	1-2	B・C：共にコップを重ね続けて14段の円柱とする。 A：正三角形（一辺7個）の上に2段3段とコップを重ねて変形三角柱とする。 （自分の正面の側面は垂直，その他の側面は傾斜がついている三角柱。）	 (No. 1-2)
13:44 14:43	1-3	B・C：B達の場にF・Hが加わる。円柱の高さがコップ20段となり，背の高 さと同程度となるが，次第に傾いた円柱となる。 A：変形三角柱の上にカップを積み続けて，高さ7段分の変形三角錐とする。	 (No. 1-3)
15:42 16:15 16:18 16:19	1-4	B達の円柱が全て崩れる。 M：(B達へ)「あれっ？無くなっている。」= A：=「(B達の円柱は)倒れました。」= M：=(B達へ)「倒れた。」 A：(Mへ)「これは(.)なかなか強度(.)強いはずや。」と自分の変形三角錐が 無事であったことを伝える。Aの場にDが加わり，共にコップを積む。	
18:01 18:03	1-5	A：(Mへ)「高くないあれ(.)高くない？」= 他の子ども達が背よりも高くコップを積んでいる様子を見る。 M：=「(他児が高く積んでいるコップについて)なんか(.)めっちゃ危険な匂い がしてきた(.)危険な匂いがしてきた。」	 (No. 1-5)
18:40 18:45	1-6	B・C・F・H：コップを一列に並べつつ，その上にコップを重ねつづけて壁の ようにする。Bは，コップを高く積もうとしている。 M：(B達へ)「ああ::::こっちの形::うすっぺらいな(.)これ::デリケートだな。」 B達：コップを並べてできた1重の壁が，顔の高さ程度になる。 A：「ガッチガチや」と言い，自分の変形三角錐は頑丈であることを言う。	
21:29	1-7	M：「おっ(.)そうか(壁の)裾が広がれば(.)高さも高くなるか」 B・C・E・F・G・H：6人で三角形の壁の裾にコップを追加して並べ，壁を高 く大きくしようとする。壁は背の高さ程となる。 B達：注目していた他児の大きな円柱(Ep.No.1-12)が崩れる様子を見る。	 (No. 1-6)
23:09 23:54 24:00 26:36 26:46 26:48	1-8	B達6人がコップを積みつづけた壁が，全て崩れる。 M：(Aへ)「整然とした三角が残りましたね。」= A：=「なんか (.) 地味に無事やった。」 B達6名が，A・D達の変形三角錐の周りに座り，共にコップを積みはじめる。 変形三角錐の高さが8〜9段程度になる(底面の三角形1辺11個程度)。 M：(A達へ)「おっ(.)いつの間にか (.) ここに皆集まっている」= A：=「(自分の三角錐が)生き残りだから」	 (No. 1-8)

表1：A達による「造形遊び」のエピソード（ワークショップ2日目：2017.2.28）[15]

図1: 変形三角形をつくるA達（Ep.No.1-8）[16]

〈低いものの頑丈で,生き残った〉をつくりだし,自分の〈意味〉を価値づける。

　この事例を通して,Aは,多様なあいだ（意識の深層と表層,自己と他者：外的対話,自己と内なる他者：内的対話）を生きながら,無分節（カオス）と有分節（表層的秩序）を往還する意味分節をして,〈材料〉,〈造形物・造形行為〉,〈他者（B達）〉,〈社会（A達の「造形遊び」の場）〉というアクチュアルな〈意味〉をつくりだすとともに,可能性や柔軟性があるアクチュアルな〈自己（私）〉をつくりだしていると考えられる。

3………未来に向けて

（1）「造形遊び」における子どもの造形表現行為を問題発見・問題解決の視点から問う

　「造形遊び」における子どもの〈自己〉と〈意味〉の共起的生成は,人間の根源的で創造的かつ協働的な〈生〉の営みである。ただし,この在りようは事例分析で明らかにしたように,合理的・効率的で順序だったプロセスではなく,自他相互の行為の中でイメージや意図・目的が生まれてくる「場当たり的」「状況依存的」「相互的」な在りようである。

　このような特徴・魅力がある「造形遊び」が図画工作科に導入されてから現在に至るまで40年以上経過するが,学校現場では停滞しているという指摘がある。阿部宏行（2017）の調査によると「絵や立体,工作」の実施率（各学年70％以上）に比べ,「造形遊び」の実施率は学年を追うごとに減少し,6年生は30％である。阿部は「造形遊び」の停滞の背景として,教員の多忙化・多忙感があり,教員は図画工作科において「明確な指導法」を求めることや「作品主義」の風土から,絵や立体など説明や指示がはっきりした活動に活路を見出す傾向があると指摘する[17]。その一方,「造形遊び」を学校教育に導入した経緯は,西野によると近代性の社会構造の影響による子ど

もの思考や表現・行為を規制・管理・統制する学校化した学びから，子どもの論理から立ち上がるアクチュアルな学びへのパラダイム転換という側面がある。以上のことから学校現場での「造形遊び」の停滞について，教員の多忙化・多忙感や大人の論理（「明確な指導法」を求めたり「作品主義」の風土）の根強さ，学びのパラダイム転換に伴う教員の子どもへの働きかけのつかみづらさや子どもの行為・学びの読み取りの難しさなどが複合的に作用していると考えられる。

そのため現在の私の研究は，「造形遊び」における子どもの根源的で創造的かつ協働的な〈生〉の営み（〈自己（私）〉と〈意味〉の共起的生成）という視点を基にしながら，子どもの問題発見・問題解決の在りよう，つまり子どもが多様な他者（教師や保育者，クラスメイトなど）との関係性のなかで，主体的に感じ・考え・表現しながら問題を発見し解決を試み，意味や価値を創出する学びとしての「造形遊び」について研究している。

例えば，幼児（3名の年長・女児：A，B，C）の「石鹸クリームづくり」に関する研究（村田，2020）[18]では，ユーリア・エンゲストローム（Yrjo Engestrom）による「拡張的学習」[19]の理論を援用して，子どもの問題発見・問題解決について分析・考察をした。事例においてAは，思いのままに材料・用具（固形石鹸，水，おろし器，泡だて器，ボウルなど）とかかわり，BやCの造形物・造形行為と相互行為・相互作用する（図2，3）。Aは行為の中で，その場の多様な要素（主体，対象，道具，ルール，共同体，分業）における矛盾（図4）に気付きつつ，〈問題：この場の材料・用具を使い，自分で石鹸粉・クリームができるのか？〉をつくりだすとともに，試行錯誤と創意工夫をして，新たな〈概念〉を創出する。

Aが創出した〈概念：私の石鹸クリームづくり〉とは，〈白色石鹸粉と水を少しずつ足しながら泡だて器で混ぜると，石鹸クリームの状態が変化する〉，〈本物の生クリームのような石鹸クリームが完成である〉，〈石鹸クリームの状態の変化には，水と石鹸粉の量，混ぜ方が関係する〉などである。このAの〈概念〉は，〈自己（私）〉が多様なあいだ（意識の深層と表層，自己と他者：外的対話，自己と内なる他者：内的対話）を生きる現在進行形の行為・活動において立ち上がるアクチュアルな〈概念〉である。

この事例は対象が幼児であり，私は小学生を対象とした事例を含めて，「造形遊び」における子どもの問題発見・問題解決の在りようを明らかにすることに取り組んでいる。

図2: 石鹸粉づくり（左より A，C，B）[20]

図3: 石鹸クリームづくり（左より A，B）[21]

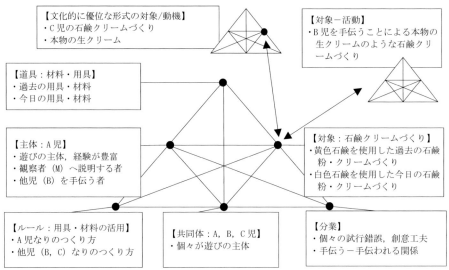

【文化的に優位な形式の対象/動機】
・C児の石鹸クリームづくり
・本物の生クリーム

【対象－活動】
・B児を手伝うことによる本物の
　生クリームのような石鹸クリ
　ームづくり

【道具：材料・用具】
・過去の用具・材料
・今日の用具・材料

【主体：A児】
・遊びの主体，経験が豊富
・観察者（M）へ説明する者
・他児（B）を手伝う者

【対象：石鹸クリームづくり】
・黄色石鹸を使用した過去の石鹸
　粉・クリームづくり
・白色石鹸を使用した今日の石鹸
　粉・クリームづくり

【ルール：用具・材料の活用】
・A児なりのつくり方
・他児（B，C）なりのつくり方

【共同体：A，B，C児】
・個々が遊びの主体

【分業】
・個々の試行錯誤，創意工夫
・手伝う－手伝われる関係

図4：Aの拡張的学習（石鹸クリームづくり）における矛盾[22]

（2）大人の見方・考え方を還元して，子どものアクチュアルな〈生〉の営みから学ぶ

　私の研究テーマとかかわる「造形遊び」に関する質的研究は，理論と実践の往還が鍵となる。先行研究における理論研究は，自己・他者論，言語論，記号論，身体論，発達論，遊び論などの多様な分野を取り入れた学際的な研究が特徴である[23]。先行研究が対象とした分野を参照するとともに，自らの理論を相対化して妥当性を検討したり，新たな分野との出会いや融合をしたりすることは，この研究の魅力である。研究方法について，今回採り上げたエスノメソドロジー，相互行為分析，エピソード記述の他にも適した方法や融合も考えられる。その他，「造形遊び」の歴史的・制度的研究も視野に入れる必要がある。さらに，机上の空論で研究が惰性化・硬直化することのないように，保育所・幼稚園や小学校の教職員などと協働的・継続的に実践・観察・分析・考察する必要がある。そして何よりも，研究者（大人）が「価値観や子ども観に根差す諸判断を差し当たり保留し，対象を客観的に見て既成の知識をそこに確認しようとするような態度を還元」[24]して，子ども一人一人の〈生〉の営みから研究者自身が学ぶことが，新たな発見や豊かな研究に繋がると考える。

［参考情報］

西野範夫「子どもたちがつくる学校と教育」（連載,全43回）『美育文化』美育文化協会,1996.4〜2000.7.
図画工作科「造形遊び」の導入に関与した一人である西野は,「造形遊び」に込めた願いや子ども視点（子どもの論理）から学びを捉える意義について論じている。

清水満・小松和彦・松本健義『幼児教育 知の探究11 表現芸術の世界』萌文出版,2010.
松本は子どもの遊びの協働的実践を芸術の実践形式と位置づける「子どもの遊びと生活芸術」について論じている。

北澤晃『造形遊びの相互行為分析 他者との交流の世界を開く意味生成カウンセリング』せせらぎ出版,2007.
北澤は「造形遊び」における子どもの学びの生成について,相互行為分析などの現象学的アプローチを用いて詳細に論じている。

［註］

1）文部科学省『小学校図画工作指導資料 新しい学力観に立つ図画工作の学習指導の創造』日本文教出版,1993,p.34.
「新しい学力観」とは,個性を生かす教育と基礎・基本の教育とは一体という学力観である。同書,p.14.
2）文部科学省『小学校学習指導要領（平成29年告示）解説 図画工作編』文部科学省,2018,p.26.
3）松本健義「子どもの遊びと生活芸術」清水満,小松和彦,松本健義『幼児教育 知の探究11 表現芸術の世界』萌文出版,2010,p.207.
4）ハロルド・ガーフィンケル（Harold Garfinkel）他,山田富秋,好井裕明,山崎敬一編訳『エスノメソドロジー』せりか書房,1987,p.300.
5）西坂仰『相互行為分析という視点』金子書房,1997,p.192,p.197.
6）「関与観察」とは,同じ一人の観察者＝研究者が,客観的観察者であると共に,観察対象の関係に関与する第3項としての関与者になることである。鯨岡峻『関係発達論の構築』ミネルヴァ書房,1999,pp.148-150.
7）鯨岡峻『保育のためのエピソード記述入門』ミネルヴァ書房,2007,pp.59-61.
8）西野範夫「子どもの論理とつくること」『美と育-上越教育大学美術研究誌』No.5,上越教育大学芸術系美術教育講座,2000,pp.12-15.
9）〈私〉とは,既存の基準や概念的枠組みを一旦括弧に入れて,自らが他者やものなどと思いのままにかかわり,自らの可能性を実現,または,実現しつつある人間の在りようである。西野範夫「子どもたちがつくる学校と教育　第5回 子どもの〈身体と想像力〉と造形活動」『美育文化』vol.46（8）,美育文化協会,1996,pp.51-55.
10）西野,前掲 註8）「子どもの論理とつくること」p.18.
11）木村敏『関係としての自己』みすず書房,2005,p.10,pp.56-57.
12）西野範夫「子どもたちがつくる学校と教育　第13回 造形遊びの再定義〔3〕」『美育文化』vol.47（5）,美育文化協会,1997,p.59.
13）井筒俊彦『意味の深みへ』岩波書店,1985,p.81.
14）村田透「子どもの造形表現活動における課題探究について―小学生を対象とした「造形遊び」の題材より―」『美術教育学』第39号,美術科教育学会,2018,pp.329-346.
15）同,p.335.なお,表1の会話分析における表記記号については,註5）,pp.vii-ixを参照し,以下のように示した。
①重なり:複数の参与者の発する音声・行為の重なり箇所は,角括弧 [。
②密着:二つの会話もしくは発話文が途切れなく密着している箇所は,等号＝。
③聞取り困難:困難な箇所は,空白括弧（　）。
④沈黙・間合い:音が途絶えている状態（0.2秒以下の短い間合い）は,（.）。
⑤音声の引き延ばし:直前の音が伸ばされている箇所は,:: 。

⑥音調:語尾の音の上がっている箇所は疑問符?,語尾の音の下がって区切りがついた箇所は句点。

16) 同, p.334.

17) 阿部宏之「なぜ「造形遊び」は定着しないのか?」北海道大学岩見沢校芸術・スポーツ文化学研究編集部会 (編)『芸術・スポーツ文化研究2』大学教育出版, 2016, p.67.

18) 村田透「「造形遊び」における子どもの探究について―矛盾の構築と表現世界の形成過程との関係性―」『美術教育学』第41号, 美術科教育学会, 2020, p.335-352.

19) 「拡張的学習」とは, 概念形成のプロセスであり, 主体が創発した何事かの対象 (概念) は活動システムの様々な要素 (主体, 道具, ルール, コミュニティ, 分業) の要素を包括する。ユーリア・エンゲストローム (Yrjo Engestrom), 山本勝弘監修『拡張的学習の挑戦と可能性』新曜社, 2018, p.45, p.76, p.109.「拡張的学習」の原動力は活動における矛盾への気付きである。ユーリア・エンゲストローム, 山住勝広ら訳『拡張による学習』新曜社, 1999, p.92.

20) 村田, 前掲 註18)「「造形遊び」における子どもの探究について」pp.341.

21) 同, p.345.

22) 同, p.347.

23) 本件に関する主な先行研究は, 参考情報に示す。

24) 鯨岡はこの態度を「発達心理学的還元」と述べる。鯨岡峻『関係発達論の構築』ミネルヴァ書房, 1999, p.110.

ワークショップ研究からArts-based Research（ABR），そしてA/r/tographyへ

笠原広一
KASAHARA Koichi

1………私の履歴

（1）今いる地点

　現在取り組んでいる研究は芸術体験の間主観的な感受認識を扱うものが多いのだが，あらためて自身のことも含めて研究について書こうとすると，いかに自分自身を理解できていないかが明らかになり，なかなか筆が進まなくなる。仕事も何度か変わっているため，取り組むべき研究が何なのか迷いながら進んだ期間が長かった。しかし，研究の仕事に就いてそれなりの年数が過ぎてしまった今，経験してきた研究（であり人生）の様々な悩みや失敗も何かしら参考になることもあるのかもしれない。大好きな美術[1]を続けたい一心で必死にできることを模索して辿り着いたところが美術教育学研究だったというのが正直なところである。少しばかり私の履歴に触れながら，取り組んできた美術教育学研究を紹介する。

（2）美術教育専攻，ではなく

　私にとって美術教育は微妙に距離のある世界だった。中学高校と油絵を描いていたが，大学進学では美術教育ではなく社会学を専攻し，美術教育から大きく離れてしまった。しかし，美術がどうにも大好きで，美術科の学生が主催する美術サークルに入り，グループ展や公募展への出展など，四年間ほぼ美術棟で制作をして過ごした。教授の中には卒業制作展のリストに私の名前がない段階で初めて私が他学部生だと知った方もいた。普段別分野の授業を受けている私にとって美術棟の書棚の美術教育書は禁断の書物で，遅くまで続く作品制作や，学生や現職院生との熱を帯びた美術教育談義がとても楽しかった。卒業の頃にはバブルが弾け就職状況は悪化した。民間や公務員も考えたが就職活動に身が入らない。そのとき，二年生の時に開いた個展を見に来てくださった美術科の先生が大学院進学を勧めてくれたことを思い出した。しかし，教育学部でもなく当時は教員免許もなかった自分が進学してもよいのかとも思ったが，「大学院に行けば胸を張って毎日絵が描ける！」という思いが勝り，後先を考えずに大学院に進学した。

　そこで私を受け入れてくださったのが美術科教育学の先生だった。美術による社会的コミュニケーションについて研究したが，まとまらない私の話をいつも笑顔で聞いてくださった。私の研究と将

来を考え，教員免許がなくてもできるショッピングモールの工作の講師を斡旋してくださった。ところが，そんな先生が二年次の夏に急逝された。いつか考えがまとまったら読んでもらいたいと思っていた研究は一番の宛先を失った。「今度見せてくれたらいいよ」と言ってくださる言葉に甘えていたことを悔いた。後を引き継いでくださった先生方のお陰で何とか書き上げて修了はしたが，就職氷河期の真只中，仕事もないまま大学院を後にした。

(3)ミュージアムでの仕事

　アルバイト生活を始めて直ぐの頃，大学の先生から隣町にあるチルドレンズ・ミュージアムのボランティアの話をいただいた。それが縁でボランティアではなく非常勤で仕事をすることになった。ハンズオンの体験型展示やワークショップの企画が仕事で，平日は多くの幼稚園や小中学校が体験学習にやってきた。しかし，いつまでも非常勤というわけにもいかず，周囲に美術関連の仕事もなく，通信教育で教員免許を取得したが，当時は美術教師の採用がほとんどなかった。数年目に公募でそのミュージアムに採用され，運営を統括するポジションで仕事をした。人員も予算も削減され，若いスタッフが中心だったが，知恵を出し合っての運営は楽しかった。自前のワークショップ，地元の芸術家や自然体験の専門家とのコラボレーション，9.11直後にはオノ・ヨーコの「グレープフルーツ」関連の展示，そしてレッジョ・エミリアの幼児教育を紹介する「子どもたちの100の言葉」の巡回展，教育委員会や地域の学校，大学と連携して教員研修会や出前講座も実施した。地域の美術教育活動がもつポテンシャルにスポットが当たり始めた頃で，美術教育と社会の新たな接点づくりの実践や研究にやりがいを感じていた。

(4)大学に移り，悩みが深まる

　ちょうど30歳になるとき，縁あって芸術大学で仕事をすることになった。学部のワークショップ演習，ボランティア講座の企画，付属幼児教育施設の運営と保育の補助などを担当した。しかし，ワークショップにせよ幼児教育の実践にせよ，その実践を語り説明する言葉を持っていないことを痛感する日々だった。研究しようにもその方法さえ満足にわからなかった。特に幼児教育の実践では，目の前の子どもの姿から，それが一体どんな気持ちや願いの現れなのかが理解できずに悩んだ。ベテランの保育者からは「感じたらわかる」と助言をもらうが，「感じるとはどういうことか？」，「どうすれば感じられるのか？」と悩みは深まるばかりで，実践者としても研究者としても中途半端なように感じていた。

(5)自分なりの美術教育学研究と呼べるものを見つけに

　そんなとき，講演会講師の美術教育学研究者の方から大学院に進学して自分の研究を見つけていく時間をとってはどうかとアドバイスをいただいた。その後，縁あって教員養成系大学に移ることになるが，自分なりの美術教育学研究と呼べるものを見つけたい，研究や論文の指導を学びたいと思い，博士後期課程に進学した。30代後半，もう一度しっかり美術教育の研究に取り組もうと

思い直した再スタート地点である。それ以後、大学院でワークショップ研究、その後、Arts-based Research（以下、ABR）、A/r/tography（アートグラフィー）による研究へ展開した。ここからはそれぞれの研究について紹介する。

2………ワークショップでの質的研究

(1)エピソード記述との出会い：みえる、かんじる、わかる、のズレに迫る

先ほどの子どもの気持ちがわからないという悩みから、大学院ではワークショップでの子どもの体験理解の研究に取り組んだ。在籍した環境心理学研究室では様々な研究方法で臨床の場の出来事が研究されていた。私はというと、研究が始まっても現場で感じていた「わからなさ」の理由が未だわからず、「あなたが問いたいことはそれなのか?」と指導教員に問い直される日々だった。そんなとき、購読文献で鯨岡峻のエピソード記述[2]に触れたことが転機となった。鯨岡は乳幼児と養育者との「あいだ」（in-between）で交わされる気持ちや感情が纏う力動的な質感を、ダニエル・N・スターン（Daniel N. Stern）[3]の生気情動（vitality affect）の概念で考え、コミュニケーションには意味を伝達する理性的コミュニケーションと、情動の質感を伝える感性的コミュニケーションがあるとした。この情動の質感は、客観的事実として目に見える出来事や行為の中で間主観的に感受される様々な「感じ」のことで、子どもとの関わり合いにおいて出来事や行為の意味を考える際には不可欠な視点だ。エピソード記述は場の中での子どもへの関与を通してそうした「感じ」を感受し、出来事の客観的記述とあわせて書き表し、その意味を考察していく研究方法である。「見えていること」や「感じる」ことと「わかる」こととのズレに悩んでいた私にとって、このことが大きな手がかりとなった。

(2)博士研究が生み出したもの：子どもの体験理解、方法論、自身の変容

博士研究では、幼児・児童の絵画と映像表現ワークショップを事例に、関与観察を通じて子どもが予期しない変容を見せた姿など、現場で見たことと感じたことの違和感をエピソードに書き起こしながら子どもの体験を考察した。だが、当時の教育学研究における質的研究の受容状況や、エピソード記述による博士研究の少なさから、異なる研究方法との比較によってエピソード記述が研究として十分成り立つことを示す必要性が副査から指摘された。そこでエピソード記述に加えてビデオ記録から出来事と行為を抽出し、修正版グラウンデッド・セオリー・アプローチ（M-GTA）による分析と突き合わせ、エピソード記述によって取り上げた出来事は恣意的な抽出と批判すべきものではなく、ワークショップの展開過程から見ても意味ある活動上の変化のポイントとも重なり得ることを示し、その明証性を論じた。それはむしろデータや分析を補完するためではなく、現場に関与しながら、事実に加え間主観的な実感も含めて体験を理解することが、実践としても研究方法としても十分な可能性を持つことを示すことにつながった。

この研究を通して,ワークショップで子どもたちが描き,つくり,跳ね,笑い,表現する生き生きした姿とは,表現活動に媒介されて生まれる情動の相互浸透的コミュニケーションが引き起こす相互変容の動態であることがわかった。非関与的に研究対象を観る態度だけでなく,場の感性的コミュニケーションの相互浸透的な交流に実践者や研究者の意識や態度を開くことで,体験の感性的位相を含んだ体験理解が可能になるのである。

　このように,子どものワークショップ体験について明らかにすると同時に,研究方法に新たな知見を積むことも,博士論文が成し得る学的貢献だと知った。そしてこの研究を通して,私自身の見方や考え方,実践者や研究者としてのあり方が変容するような学びが生まれることを,身をもって経験した。

3………ABRでの美術教育研究

(1)美術が成し得る知の創出

　次に現在私が取り組んでいるABRでの美術教育の実践と研究を紹介する。ワークショップ研究では幼児・児童の表現活動の体験を情動的側面に着目して理解したが,美術表現としての意味合いが十分に考察に反映できていないことが課題だった。そんなとき,海外の論文で芸術を研究の方法と位置付けるABRに出会った。芸術表現の活動がいかなる体験過程を生み出しているのかを理解する手がかりがそこにあると感じたが,博士論文で踏み込むことは難しいと考え,博士論文提出後に本格的にABRに取り組むことにした。

　パトリシア・リーヴィー(Patricia Leavy)によれば,広義のABRは29種ほどあり[4],一口に定義することは難しい。ABRの実践理論の構築ではエリオット・W・アイスナー(Elliot W. Eisner)の貢献が大きい。アイスナーによれば,「ABRとは芸術が手段として用いている思考と表現の形式を活用する活動であり,それによって世界はよりよく理解され,そうした理解は知性の拡大をもたらす」[5]と述べている。これを踏まえて私は,「芸術制作の特性を物事の探究や調査,意味や価値の創出に用いていこうとする,探究的で省察的な芸術制作の用い方であり,同時に研究の方法論」[6]と理解している。こうした「知」の問題は学術の問題だけでなく,学校教育の学習論の土台でもあり,教育と研究に携わる私たちに関係が深い。学校や社会が抱える問題解決に直接つながる研究はもちろんだが,私たちが物事や世界をどう認識し得るのかを問い拡張する研究も美術教育にとっては重要だ。では,ABRの実践とはどのようなものか。

(2)ABR実践「都市の余白の創造性 —コロナ時代をアートで問う」[7]

　ABRは芸術制作であると同時に研究でもあるハイブリッドな実践である。美術や音楽,映像や身体表現など様々な表現形式に加えて論文でも表現される。2020と2021年度は新型コロナウィルスの感染拡大に伴い,オンラインを中心にABRの演習を行った。以下の事例は2020年度の大学

院での実践である。

東京オリンピック2020が延期となり，イベントがキャンセルされた都内湾岸部にあるオリンピックパビリオンART BAY TOKYO（以下，ABT）で大学院の授業を行うことになった。オリンピックの中止を，コロナ禍で都市に予期せぬ「余／白」が生まれた状況と仮定し，コロナ時代とは何なのか，「都市の「余／白」に生まれる創造性」をキーワードに探究を始めた。学生とABTを訪れ，広大な空間にカラフルな花が植えられた公園などオリンピック用に開発された現地を歩いた。4月の大学院入学以来，初めて同級生と対面したという学生もいた。ABT周辺を歩いた感想やコロナ禍の中での生活や思いなどを話し合い，フィールドワークや作品制作や対話を重ねながら探究を進めた。コロナ禍で冷酷にも止まったものや変わってしまった現実も多くある一方，変わらず止まらない人間や自然の営みがあることも見えてきたことで，学生たちはコロナ時代の中にある種の「あたたかさ」を見出し，探究のタイトルを自分たちで「あたたかい停止」と再設定した。

久しぶりに大学を訪れ，自転車に植物が絡み付いた様子を見て，人間の関与がキャンセルされた世界を油絵で描き出す学生や，2mのソーシャル・ディスタンスを取って絵画を公開制作し，来場者とコミュニケーションを生み出す学生，コロナ禍前後で変わったものと変わらないものをSNS経由で人々に投稿してもらって展示し，写真の集積からコロナ禍前後の不／変を考える学生もいた。コロナ時代を「あたたかい停止」と自分たちなりに定義する新たな視点を生み出し，作品制作や展示，SNSやオンライン・トークセッションを通じてこの取り組みや問いかけを多くの人々と共有しようとして活動を展開した。コロナ禍の中で私たちが感じている違和感や無／意識的な変化が何なのかを浮上させ，背景と前景の逆転などを具体化しながら，コロナ時代とは何なのか，この先をどう生きていくかを考える取り組みになっていった（図1）。そしてこのプロセスが，自分たちに活力を生み出すことにもなっていったのである。

図1: ART BAY TOKYO を歩き様々なアートベースの探究と展示を行った.

（3）ABRの現在と今後の研究

　こうした実践はABRを学ぶというよりも，学生と一緒に美術教育の可能性を模索する研究として行っている。欧米で始まったABRが世界に拡がる中で，欧米中心主義を相対化しつつ新たな展開を生み出していく必要もあり，こうした日本の活動を海外の研究者と連携しながら情報発信するようにしている。

　海外ではこれまで，リーヴィーの『ABRハンドブック』"Handbook of Arts-Based Research"[8]，博士研究の動向をまとめた『フィールドを挑発する：教育分野における視覚芸術の博士研究の国際的な展望』"Provoking the Field: International Perspectives on Visual arts PhDs in Education"[9]，『国際美術デザイン教育事典』"The International Encyclopedia of Art and Design Education"[10] や『教育学研究における質的研究事典』"The Oxford Encyclopedia of Qualitative Research Methods in Education"[11]でもABRが紹介され，美術教育だけでなく教育学研究で広く論じられるようになってきている。国内でも社会学[12]，アートセラピー[13]，映像制作[14]，教育哲学[15]，教員養成[16]，初等教育での実践[17]，地域のアートプロジェクト[18]などでABRの視点を取り入れた研究が生まれている。引き続き学校教育と教員養成でのABRの可能性の模索を進めるとともに，社会課題にアプローチするABR実践の国際共同研究も進めていきたい。

4………A/r/tography（アートグラフィー）での美術教育学研究

（1）芸術表現／研究／教育実践の間での生きる探求

　次に，A/r/tography（アートグラフィー）による美術教育学研究を紹介する。アートグラフィーは数あるABRの実践理論のバリエーションの一つである。アートグラフィーはカナダの美術教育学研究者のリタ・L・アーウィン（Irwin L. Rita）を中心に，研究者や教師や学生との共同研究から生み出された[19]。ABRと同様に芸術による省察と探究，表現者（探究者）の間主観性や感性に根ざした実践であり研究となる点は共通する。アートグラフィーという言葉はアートとグラフィー（記述）がハイブリッドになった造語である[20]。A/r/tは「artist：芸術家」「researcher：研究者」「teacher：教育者（実践者）」の頭文字がスラッシュで結びつけられ，芸術家でもあり研究者でもあり教育者でもあるという曖昧で多面的なアイデンティティを肯定し，それをアート（art）の文字に重ねている。このことが，様々な現場で活動してきた私の曖昧で多面的な立ち位置を肯定しているように思え，アートグラフィーに取り組んでみようと思うようになった。アートグラフィーは取り組む者（アートグラファー）の生や人生と密接に結びつき，自分の生き方やあり方を模索する取り組みにもなるため，客観性を重視した学術研究的な「探究」よりも，より人生の追求ともいうべき探索的な「探求」の方が近いように思う。また，アートグラフィーでの探求は，自分自身の生と分かちがたい「生きる探求」（living inquiry）となることで，自己を基盤とした探求が他者や社会の文脈へと接続されていく展開を生み出すところに意味がある。アートベースの実践理論を基盤とする点はABRに共通するが，探求者の

自己省察や自己教育的な視点,自己エスノグラフィー的な質的研究の特徴を持つことがアートグラフィーの特徴である。以下に私自身のアートグラフィーの探求実践を紹介する。

(2)「ほんとの空」を見つけに：私のアートグラフィーから[21]

　東日本大震災以降,郷里福島のことがずっと気になっていたのだが,故郷を離れて時間が経つのに加え,その後もあまり戻ることもできなかった私は,震災以降,福島と自分との間に共有し難い大きなズレのようなものが拡がっているように感じていた。そんな折,「福島現代美術ビエンナーレ」関連イベントとして,幼稚園でワークショップを行う機会をいただいた[22]。テーマは高村光太郎の「智恵子抄の詩」にある「ほんとのそら」という言葉だった。智恵子は光太郎の妻で福島の二本松出身だ。彼女が眺め育った安達太良山は私の実家からも望むことができる。ワークショップを引き受けたものの,ずっと福島を離れていた私に,震災後に「ほんと」という言葉を冠したワークショップを行うことができるのだろうかと悩んだ。

　散々悩んだ末,久しぶりに実家に帰り,カメラを手に懐かしい風景を訪ね歩いた。記憶を辿りながら変わったものや変わらないものを写真に収めていくうちに,「ほんと」とは私が示せるようなものではなく,それが何なのかを共に考えていく過程をワークショップとして共有することならばできるかもしれないと考えるようになった。園児と虫や鳥などのペープサートや冠をつくって身につけ,壁一面に投影した福島の空の映像をバックに即興劇のように遊ぶ活動や,空を映しだす大きな池を先生や保護者と園庭につくり,水面に映った空,流れる雲,風で揺れる水面にゆらめく太陽を園児たちと眺めるワークショップを行った。それは,アート（写真や映像：artist）,探求（research）,ワークショップ（教育：teacher）が絡み合いながら,共有し難いものをどのように共有していくことが出来るかを問い深めつつ,福島と自分の関係の再接続を具体化していった取り組みとなった。

(3)アートグラフィーを実践し,次へのギフトとして発信する

　震災という社会的文脈があるとはいえ,美術教育の研究として私的なテーマを扱うことは当初は思いもよらなかったが,芸術表現,研究,自他と探求を共有する教育的実践,これらがゆるやかにつながり合うことができるアートグラフィーという実践理論があったからこそ,自分自身にとって意義深い探求に踏み出せたと思う。この点に着目し,大学の教職実践演習にアートグラフィーの考え方を取り入れた活動を行なっている。学生が教育者になっていく過程は,私的であると共に,美術教育という社会的・歴史的,理論的・実践的な文脈との間で編み上げられる学習と自己の生成変容の過程である。アートグラフィーはそのプロセスを支える方法と理論を与えてくれる。

　このように,ABRやアートグラフィーなどの実践や理論を学ぶだけでなく,必要な取り組みを自ら生み出し,その知見を国内外の美術教育のコミュニティに発信していくことが重要だろう。異なる背景の中で生まれた実践や理論が別の場所でも役に立つことは多々ある。研究とは空間や時間を超えて手渡される知と可能性のギフト（贈り物）である。

　様々なフィールドで実践や研究に取り組んできたが，私たちの生を支える美術教育の実践と理論を見つけ出していきたいという願いは共通しているように思う。多くの人々との出会いや支えによって研究を続けてこられたことに感謝している。この時代を生きる人々と共に，私たちの生を支える美術教育の可能性をこれからも追求していきたい。

［参考情報］
［ワークショップでの質的研究］

ノーマン・K・デンジン，イヴォンナ・S・リンカン編『質的研究ハンドブック1巻：質的研究のパラダイムと眺望』『質的研究ハンドブック2巻：質的研究の設計と戦略』『質的研究ハンドブック3巻：質的研究資料の収集と解釈』北大路書房，2006.
質的研究の豊富な理論と実践方法が収録された基本書籍。

鯨岡峻『エピソード記述入門 ──実践と質的研究のために』東京大学出版会，2005.
様々な対人支援の現場での関与しながらの観察と記述的省察の考え方と技法を詳述。

［Arts-based Research（ABR）での美術教育学研究］

Patricia Leavy（ed），*Handbook of arts-based research*, The Guilford Press, 2018.
ABRの歴史と背景，主要論者の寄稿によりABRの多様な広がりと実践が見渡せる。

小松佳代子『美術教育の可能性 ──作品制作と芸術的省察』勁草書房，2018.
ABRを美術教育史と重ねて考察し，ABRの鍵となる芸術的省察の理論を考察。

［A/r/tographyでの美術教育学研究］

笠原広一，リタ・L・アーウィン編『アートグラフィー ──芸術家／研究者／教育者として生きる探求の技法』Bookway, 2019.
アートグラフィーの理論と実践の訳文と海外と日本の関連論考や実践を収録。

［註］

1）本文中で「美術教育」や「美術表現」に関連する表記は「美術」を用い，Arts-based Research（ABR）など美術以外の表現ジャンルも含めた「Arts」については「芸術」とした。A/r/tography（アートグラフィー）に関連するところは日本語では「アート」を用いている。

2）鯨岡峻『エピソード記述入門──実践と質的研究のために』東京大学出版会, 2005.

3）スターン（Daniel N. Stern），神庭靖子，神庭重信訳『乳児の対人世界 理論編』岩崎学術出版社, 1989.

4）Patricia Leavy, *Method Meets Art: Arts-Based Research Practice 3rd Edition*, The Guilford Press, 2020.

5）Tom Barone, Elliot W. Eisner, *Arts based research*, Sage, 2012, p. xi, 筆者訳出.

6）笠原広一「Arts-Based Research による美術教育研究の可能性 ──成立の背景と歴史および国内外の研究動向の概況から」『美術教育学』40, 2019, pp. 113-128.

7）本実践は以下に収録予定。Koichi Kasahara, Nanami Inoue, Mika Takahashi, Chihiro Hatakeyama, Yukito Nishida, Takeshi Kawahito, Naoko Kojima, Kanami Ban, Seisuke Ikeda, Momoka Kiyonaga, and Kanae Shimoji, "An A/r/tographic Inquiry of Yo/Haku and Warm Freeze: Returning to Land and Relationship During the Pandemic," in Nicole Rollis, Ken Morimoto, Michele Sorensen, Valerie Triggs, and Rita Irwin（eds）, *Eco-pedagogical and A/r/tographical Walking: Kinship, Nature and Relationality*, Intellect.（In Press）

8）Patricia Leavy（ed）, *Handbook of arts-based research*, The Guilford Press, 2017.

9）Anita Sinner, Rita L. Irwin, & Jeff Adams（eds）, *Provoking the field: international perspectives on visual arts PhDs in Education*, Intellect, 2019. 各国の博士研究レベルのABRの動向も見えてくる他，直江俊雄が日本の状況を報告している。なお，書籍タイトルの訳は筆者による。

10）『国際美術デザイン教育事典』については美術科教育学会通信No. 104.「書評」（2020年6月）を参照。Richard Hickman （eds）, *The International Encyclopedia of Art and Design Education*, Wiley-Blackwell, 2019.

11）George W. Noblit（eds）, *The Oxford Encyclopedia of Qualitative Research Methods in Education*, Oxford University Press, 2020. 全2巻の第1巻に収録のA/r/tography, ABRの章を参照。

12）岡原正幸編『アート・ライフ・社会学──エンパワーするアートベース・リサーチ』晃洋書房, 2020.

13）伊東留美「アートベース・リサーチの展開と可能性についての一考察」『南山大学短期大学部紀要』2018, pp. 203-213.

14）原紘子「アートベース・リサーチの実践:調和と不調和が交差する新たな表現に向けて」『育英短期大学研究紀要』33, 2016, pp. 1 -11.

15）小松佳代子編『美術教育の可能性──作品制作と芸術的省察』勁草書房, 2018.

16）笠原広一「Arts-Based Research による美術教育研究の可能性について──その成立の背景と歴史及び国内外の研究動向の概況から」『美術教育学』40, 2019, pp. 113-128. 池田吏志，森本謙，マルジェ モサバルザデ，新井馨，会田憧夢，生井亮司「多様な価値を包摂するA/r/tography の試み──Narrative by three pictures project in Hiroshima を通して」『教育学研究』1, 広島大学大学院人間社会科学研究科, 2020, pp. 275-284.

17）吉川暢子，手塚千尋，森本謙，笠原広一「幼児の土を使った遊びと探究I──Arts-Based Researchの視点から実践を描き出す」『香川大学教育実践総合研究』41, 2020, pp. 57-69. 岩永啓司，手塚千尋「図画工作科における芸術に基づく探求の学習環境デザイン──「土」を用いた実践のA/r/tography試行』『北海道教育大学紀要 教育科学編』71（2）, 2021, pp. 221-232.

18）市川寛也「アートベース・リサーチの手法としてのアートプロジェクトの有効性」『群馬大学共同教育学部紀要 芸術・技術・体育・生活科学編』56, 2021, pp. 59-68.

19）Irwin L. Rita, "*Becoming A/r/tography,*" Studies in Art Education, 54（3）, 2013, pp. 198-215.

20）笠原広一, アーウィン・L・リタ編『アートグラフィー：芸術家/研究者/教育者として生きる探求の技法』Book Way, 2019.

21）本事例の初出は以下となる。笠原広一「「ほんとの空」をみつけに──ふくしまをめぐるアートグラフィックな探求から」笠原広一, アーウィン・L・リタ, 前掲, pp. 237-249. 同書ではカナダの研究者や実践者に加え，日本からも本学会員（直江俊雄，春野修二，佐藤真帆，笠原広一）が執筆と訳を担当している。

22）「福島現代美術ビエンナーレ2016 重陽の芸術祭 氣 indication」（2016年9月9日〜11月23日）企画：福島現代美術ビエンナーレ実行委員会，主催：国立大学法人 福島大学 芸術による地域創造研究所・重陽の芸術祭 実行委員会.

図画工作・美術科の授業研究
教師の発話に関する研究をめぐって

大泉 義一
OIZUMI Yoshiichi

1・・・・・・・・はじめに

　私の現在の研究領域は，大きく二つある。一つは，図画工作・美術科の授業研究，もう一つは「子どものデザイン」概念に関する研究である。どちらも私が教員初任時から継続して探究しているものである。本稿では前者を取り上げ，その研究領域に至る経緯と現在取り組んでいる研究の実際，さらには今後の展望を述べる。ちょうど本稿を書き始める際に，本学会通信の巻頭言に「雑感：研究するということ」という駄文を寄稿したのだが，本稿はその"延長戦"といった位置付けであろうか[1]。本稿を通して，学校教育現場における日々の授業を研究することの意味について，読者の皆さんとともに考える機会となることを願う。

2・・・・・・・・私の研究スタイルの確立まで

(1)授業研究の原点：小中学校の実践家として

　私は大学卒業後，公立中学校の美術教員となった。初任一年目には，当時始まった研修制度により，週に一度他校のI先生に指導教員として来校指導いただく機会を得ていた[2]。私はI先生の「授業には学習指導案を作成して臨むべきである」という言葉を素直に受け止め，実践するすべての授業の学習指導案を作成してI先生に見ていただくようお願いをした。I先生は，まさかすべてについて作成するとは思っていなかったようで，今さらやめなさいとも言えずに，一年間にわたって私の拙い学習指導案を校閲する羽目になった訳である。今ではI先生に申し訳ない気持ちでいっぱいであるが，自身の授業の構想を他者と共有し検討するという意味において，授業研究に対する私の姿勢の原点が，確かにここにあったと言えるだろう。

　また忘れてはいけないのは，勤務校の"元気な"子どもたちである。彼らに授業をボイコットされてしまわないためにも，私は教材研究に切実に取り組むことになった。それが十分に成果を収めていたか

図1: 中学校でのインスタレーションの実践

どうかはともかく,教員人生の当初から,学習者の能動的参加に対する授業研究が行われていたことになる。

さらに,授業研究に関して悔しい思いをしたことも発端となっている。教職3年目に地域の教科部会で研究授業を行った時のことである。その授業は,中学2年生が校内でインスタレーションに取り組むという内容(図1)[3]であったのだが,研究協議会で酷評されただけでなく,「今日の授業を見なかったことにする」とだけ述べ,意見することを拒む参加者もいたのである。自分としては思いを込めて提案したつもりであったが,受容されない状況に歯がゆさを覚えたことが,授業研究に一層力を注ぐ原動力となったのである。

その後,国立大学の附属小学校に移籍することになった。附属学校では教育に加え,研究と教育実習生指導という職務が加わる。そこで研究活動の楽しさを実感し,さらには教育実習指導に取り組む中で教員養成の重要性を痛感したことから,大学教員の道を考えるようになった。

(2)学校教育現場との連携による授業研究:研究者としての出発

かくして附属学校に6年間務めた後に,大学に移籍し研究者となった。そのスタートにおいては,これまでの私の経歴から学校教育現場と連携した授業研究に取り組むことは必然であった。そしてその連携においては,奈須正裕が指摘する授業研究の現状を克服する必要があった。すなわち,教育学研究における実践と理論が対立的に捉えられてきたことが「本質的な過ち」であると指摘し,両者の間には記述の水準においては隔たりがありながらも,必ず照応関係があるはずであり,それをなめらかに接続する中間的な概念,すなわち「実践原理」を産出することが実践研究に求められるのだと考えた[4]。実践と理論を往還する視角が必要であると考えたのである。

(3)実践と理論の往還による仮説生成型研究プロセス[5]

私は,その往還を実現する研究方法として「仮説生成型研究プロセス」を採用するようになった(図2)。このプロセスにおいては,予め仮説が設定されることなく実践者が行う授業が先行している。次にその授業記録を読み返すことにより,"気になる現象"が浮上してくる。そこでその原因を探り解決するための仮説を設定し,課題解決策を講じた授業を通して分析がなされるが,ここにおいて重要なのは仮説を立証するだけでなく,その授業から新たな仮説の生成を待つことである。こうしたプロセスがスパイラルに繰り返されることで,導出される考察の間主観化が図られていく。すなわち,中心となる方法は事例研究であり,理論研究は,そこでの問題所在を明らかにするために,あるいは先行研究から示唆を得るために位置付けられる。そのため,事例研究においては,[仮説設定-仮説検証]という直線的な思考を経るものではなく,事例の蓄積とともに,上述したように[仮説生成-仮説検証-仮説生成…]というスパイラルな思考が継続的に行われる。ここにおいては,得られた知見がより一般的な教育理論として最終的な問題の解決策となり得るためには実践を継続していくより他はない。

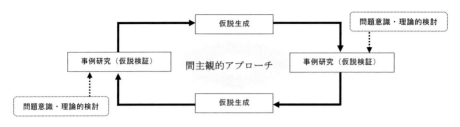

図2: 授業研究における仮説生成型研究プロセス

　こうした研究方法は,当然ながら質的研究法(qualitative research method)に関する論述から多くの示唆が得られよう。すなわち,事象の生起した文脈を重視し,事象そのものから意味を見出し,概念を構成し,知見や理論を得ることを目的として研究が行われる[6]。授業というものが複雑で流動的な存在であることを前提にし,なお間主観的アプローチによってその中にある事象の意味を明らかにすることを指向する。つまり,研究の成果が量的研究のようにデータの定式的な分析の結果として示されるのではなく,データの検討を通して解釈や新たな仮説が「浮かび上がってくる(emerge)」のである。例えば「理論の浮上(theory emergence)」という言葉が使われることからもわかるように,予め結果を想定して進む研究方法ではなく,絶えず仮説と検証を繰り返して進んでいく[7]。

　さらにこうしたプロセスには,協働的な関係を持つ複数の研究者が関与していくことが望ましい。例えば,そのメンバーに客観的記録・分析の方法論に長けている研究者が関わることは非常に有効である。また,ここでの先行研究(文献調査を含む理論研究)とは,今なお継続的に議論されている仮説のうちの一つとしてとらえられる。つまり先行研究で出あう理論とは,自身の研究に疑問を投げかけてくれる協働的な存在として位置付けられる。

　このように,研究プロセスにおいて,実践と理論が必然的に往還する研究手法が「仮説生成型研究プロセス」なのである。

3⋯⋯⋯図画工作・美術科の授業における教師の発話に関する研究

(1)教師の発話への着目

　私が上述した「仮説生成型研究プロセス」を自覚的に用いるようになったのは,本学会授業研究部会への参画がきっかけである。私は,2007年より当部会の事務局として運営に携わるようになった。当時の部会は関東近隣のメンバーを中心に美術科教育における授業研究のあり方について議論を重ねていた[8]。その中で,私は学習者の主体的な学びに関する授業論が数多く論ぜられる中で,金子一夫が「美術科教育ほど児童・生徒の表現が主たる教育内容とされている教科

はない」9)と述べているように，子どもの表現に対する教師の関わりのあり方について関心を抱くようになった。そこで，教授＝学習理論に関する先行研究の調査を進める中で，山下政俊が提唱する「教育言語」の概念に出あうことになる。山下によれば，授業における教師の発話は，次の二つの教育言語に分類される10)。

「第1教育言語」… 授業過程で必要となる子どもたちの学びと彼らとのコミュニケーションを直接リードする言葉（「〜しなさい」等の指示，説明等）

「第2教育言語」… 第1教育言語によってもたらされた子どもたちの学びのプロセスや成果をフォローし促進する言葉（「〜がよくできたね」等の評価言等）

これらの発話のうち，図画工作・美術科の授業では第2教育言語が有効に機能しており，その位置付けが教科の特性を指し示しているのではないかと思われた。そんなことを考えていたちょうどその時に，部会メンバーで一つの図画工作科授業を観察し，各自の関心に従って記録・分析を行い，その考察を交流するという機会を得た。そこで私は，授業者の発話を記録しプロトコル化することで教育言語の出現様相を分析した。その結果，山下の主張通りに第2教育言語が子どもの活動を促進する役割を果たしている事実を確認することができたが，同時に第1，第2のどちらの教育言語にも当てはまらない発話の存在を見出し，その教育言語を「第3教育言語」として，以下のように概念規定するに至ったのである。

「第3教育言語」… 子どもと同等の立場，あるいは逆転的な立場に基づく発話（「ああ」「へえ」「どうやったの，これ」等の感嘆詞，純粋な質問等）

この第3教育言語は，話者である授業者の情感的態度が伴うことによって，子どもの表現をさらに能動的なものへと強化する役割を持っており，この発話の存在が，図画工作・美術科の授業の重要な成立要件をなしているのではないかという新たな仮説を得たのであった。

(2)教師の発話研究における仮説生成型研究プロセス

以上のように，私の授業研究にまつわる経歴と深く結び付きながら第3教育言語という概念が創出され，「図画工作・美術科の授業における教師の発話に関する研究」（「教師の発話研究」と略記）に取り組むようになった。そして，現在も仮説生成型研究プロセスに沿って"仮説生成"的に継続中である11)。その研究成果は，これまでに8篇の論文として本学会誌に発表している。ここで，それらの研究（【研究1】〜【研究8】）の概要と各研究で浮上したリサーチ・クエスチョンを示すことから，教師の発話研究における仮説生成型研究プロセスの実際を俯瞰すると，図3のようになる12)。ここに実践と理論の往還による仮説生成型研究プロセスの実際を見ることができよう。

【研究1】「第3教育言語」の発見：美術科の授業を構成する「第3教育言語」への着目（2010）

　図画工作・美術科の授業における教師の発話の様態を分析し，その構造や特性を実証的に明らかにした。1回目の授業研究を通して，第2教育言語による発話が，子どもの表現活動をより促進する役割を果たしていることを確認するとともに，「子どもと同等の立場，あるいは逆転的な立場に基づく発話」の存在も明らかにして「第3教育言語」と規定した。2回目の授業研究を通して，第3教育言語が子どもの表現活動をさらに能動的なものへと強化する役割を有するものであることを確認した。対象授業の実践者は，教職歴20年以上と教職歴10年前後の教師であったが，発話の様態は教職キャリアによって異なるとも考えられるので，この観点から対象を広げ検討することの必要性が見出された。

【リサーチ・クエスチョン】教職キャリアと関係があるのでは？
　　　↓

【研究2】「第3教育言語」と教職キャリア：教職キャリアと「第3教育言語」の関係から（2011）

　教師の発話の様態を教職キャリアとの関係から分析することを通して，その構造や特性を明らかにした。教職キャリアの異なる授業者が実践する同一題材の授業を比較分析した結果，第3教育言語が授業者の情感的態度の表現・表出によるものであることを明らかにした。そしてその発話が発せられている際に生起している周辺言語の重要性を提起し，意思決定場面における授業者の「許容」的態度が，図画工作・美術科の授業に特有のものである可能性を提示した。本研究では小学校図画工作科の授業を対象としたので，第3教育言語の存在を美術科教育における授業の特色として論ずるためには，中学校美術科の授業における検証を行うことが必要とされた。

【リサーチ・クエスチョン】美術科特有のものなのか？
　　　↓

【研究3】「第3教育言語」と美術教師：中学校美術科の授業分析と美術教師論（2012）

　中学校美術科の授業実践に見られる教師の発話から，第3教育言語の役割について精査を行った結果，第3教育言語が「周辺言語」や「沈黙」による教師の感情表出の役割を担うことで，第1教育言語による指示的内容を子どもが受容する土壌を形成している可能性が見出された。さらに当該授業に特有であり意図的な発話である「皮肉・irony」が，ミーハンの言う教室特有の会話構造であるIRE連鎖から脱却し，子どもの主体性の発揮を促す役割を持つことが，発話者である教師の教育信念を浮き彫りになることを明らかにした。ただし，権威的コミュニケーションからの脱却を志向するそうした発話様態は，学校教育課程外の教育実践には見られないのか確認する必要があると考えられた。

【リサーチ・クエスチョン】学校外での美術教育実践でも同様なのか？
　　　↓

【研究4】「第3教育言語」と実践者：深沢アート研究所「こども造形教室」と図画工作・美術科の授業の比較から（2013）

　学校教育課程外の実践における実践者の発話様態を分析し，その構造や特性を実証的に明らかにした結果，第3教育言語の分布から，「敬体と常体の使い分け」「自主性と主体性の要求」「失敗の推奨」という特有の発話様態が明らかになった。これらの発話様態から，図画工作・美術科の授業実践における子どもの日常性とワークショップの非日常とを結ぶことの有効性を提起し，それを実現するためには実践者が「表現者にして教師である」ことが重要であることを見出した。今後は，本研究の知見の教育実践への還元の方策を検討することが課題となった。

【リサーチ・クエスチョン】教員研修に使えるか？
　　　↓

【研究5】「第3教育言語」の教員研修への活用：教員免許更新講習「図画工作・美術科の授業論」のプログラム開発とその実践（2017）

　これまでの知見から教員免許更新講習のプログラムを開発・実践し，発話研究の成果を教育実践に還元する方策について検討した結果，受講者にもたらされた効果として，授業実践のリフレクション，授業に対する見方・考え方の拡張，研修の機会における活用，授業研究方法の習得，学びの実証性を確認した。さらに第3教育言語を教科性と関連させて考察するために，全教科を担当する小学校の教師が実践する図画工作科と他教科の授業実践とを比較分析する必要があることが課題となった。

【リサーチ・クエスチョン】他教科での様態は？
　　　↓

【研究6】「第3教育言語」と教科特性：図画工作科，算数科，社会科の授業比較分析から（2018）

　全科担任教師が実践する図画工作科，算数科，社会科の一単位時間の授業で発せられる授業者の発話を比較分析することにより，図画工作科の授業の特性について検討した。第3教育言語を中心とした発話の出現様態，特徴的な発話のエピソード分析，さらにはテキストマイニング分析を通して，子どもの学習活動に対する授業者の関心のあり様，授業における子どもの主体性と教師の意図性との緊密な関係性が，図画工作科の授業の特性であることを見出した。学習者の発達の段階に応じた教師の発話の様相の確認が必要であることが明らかになった。

【リサーチ・クエスチョン】学校種によって異なるのか？
　　　↓

【研究7】「第3教育言語」と学校種：小学校，中学校，高等学校の授業比較分析から（2019）

　異なる学校種段階の授業における教師の発話を比較分析することを通して，図画工作・美術科の授業の特性を実証的に明らかにした。学齢が上がるにつれ，授業で扱う概念が抽象的且つ高度になるに伴い，小学校対象授業では子どもの表したいことに応じながらも，具体的な材料・用具と関連させた教師の発話が多く見られること，中学校対象授業では造形的な視点に着目させた生徒の問題解決を促す教師の発話が多く見られること，高等学校対象授業では，青年中期にある子どもたちの自我の模索と確立に教師が関わる際の表現を通した対峙性の重要性を見出すことができた。今後は，これまでに見出してきた知見を授業改善に生かす授業研究プログラムを開発することが課題として残された。

【リサーチ・クエスチョン】授業研究に使えるのか？
　　　↓

【研究8】「第3教育言語」の授業研究への活用：教師の発話分析を通した授業研究プログラムの構想（2022・印刷中）

　これまでの知見から，第3教育言語を析出する手がかりを整理し，さらにそれらが発せられる際に顕在化している教師の教育信念を導出することで，発話分析指標を仮定した。次に，その発話分析指標を援用しながら学校教育現場の教師らと発話分析とその考察を協議する発話分析研究会を試行した。さらにその試行を通して発話分析研究会の運営の改善を図ると同時に，授業研究プログラムの構想を行った。今後の課題は，構想したプログラムを学校教育現場で実践することで，研究成果の普遍化と教育現場への還元を目指すことである。

【リサーチ・クエスチョン】開発したプログラムは使えるのか？
　　　↓

【研究9】「第3教育言語」による授業研究プログラムの検証？
　　　↓

図3: 教師の発話研究における仮説生成型研究プロセス

（3）教師の発話研究における私の研究技法

　次に，この仮説生成型研究プロセスを通じた教師の発話研究において，私が特に留意している事項について述べたい。

①授業実践における日常的な行為としての教師の発話から意味や価値を浮上させること

　授業において教師は必ず発話を行っている。そのような，授業者であれば誰もが行っている自明な行為としての発話から，いかにリサーチ・クエスチョンをすくいあげることができるかがポイントとなる。つまり，授業実践を理論検証の機会として捉えるのではなく，新たな仮説を発見する機会として，まさに"宝の山"として捉えるのである。そのためには，対象授業に対する研究上のバイアスを回避するために，授業者には仮説として設定している第3教育言語の概念，さらには研究目的をも「知らせない」配慮が必要となる。このように，意図的に情報を「隠す」ことが許容されるためには，学校教育現場との信頼関係が不可欠である。したがって，些細なことかもしれないが，学校教育現場を訪問する際の作法にも留意する必要がある[13]。さらにはそもそもの考え方として，授業研究が学校教育現場に"依存"した研究であるという謙虚な意識が必要となる。

②授業記録を客観的なデータとして整理すること

　本研究は，定性分析による質的な研究なので，その妥当性を担保するためには授業記録を客観的に行う必要がある。私が採用する授業記録とその整理の方法は以下の通りである。

　　1）ビデオカメラで対象授業を動画記録し，あわせてワイヤレスマイクロホンを用いて授業者の発話の音声を動画と同調させて記録する

　　2）上記音声記録を音声再生ソフトにより音質の調整と解析を行い，筆記記録に変換[14]し，トランスクリプト化する。

　　3）上記筆記記録における発話を，動画記録と照らし合わせながらその意味と文脈から「第1・第2・第3教育言語・その他」に分類する。その際には，発話の文節単位を，一つの自立語もしくはそれに付属語が一つないし二つ以上ついたものからなる音声上の単位とする。その上で意味文脈において単一の意味を保って発せられた言葉は一つの発話とする。こうした規定により，定量的な分析も可能となるようにする。

③授業記録から解釈・洞察すること

　本研究は，発話の膨大なテキストデータから「理論の浮上」を見出そうとする。この姿勢は，教育臨床を対象とした質的研究において中心的な考え方となっているグラウンデッド・セオリー（grounded theory）に則っている。そこでは，「理論的仮定よりもデータおよび調査フィールドの方が優先される。つまり理論的仮定を先に立てて，それを調査対象に当てはめるのではなく，逆にフィールドおよび実証データと関わる中で理論的仮定が『発見され』，そして調査結果として記述」[15]される。研究者が自分の側の仮説や構造に縛られて事象の特定の側面にのみ注意を向けることは，研究対象となる人物の側のもつ構造（本研究の場合，言うまでもなく授業者の発する第3教育言語の様態である）を見逃してしまう危険性を生む。したがって研究対象の人物が実践する様々な

「方法」や「理論」を誠実に見つめるという要請，すなわち"エスノメソドロジー的無関心"[16]が必要である。そこで依って立つ推論の方法とは「帰納」でも「演繹」でもなく，C.S.パースがその重要性を説いた「アブダクション・abduction」（仮説形成）[17]の考え方となる。パースによればこの立場では「仮説形成」という概念を用いて，特殊な事実（個別的事例）から，それを説明しそうな「仮説としての概念」を作り出すことが目指される。別の言葉でいえば「実証データの分析による理論開発」[18]である。さらにそれは「循環性」を保ちつつ「修正され，練り上げられ」[19]ることによって研究対象との関連性を強めていくことができる。以上のように，質的研究におけるグラウンデッド・セオリー・アプローチと本研究の仮説生成型研究プロセスは同一線上にある。

④分析方法を組み合わせることで，解釈の妥当性を上げること

　先に述べた通り，本研究では主に定性的な分析が採用される。さらに固有のエピソードを対象にするがゆえに，その分析結果の客観性を担保することが理論構築のためには不可欠である。そこで，ある事実に対して多角的な観点から分析を行うことが必要となる。

　まずは授業実践をできる限り多様な方法で記録する。ビデオカメラ，スチールカメラ，筆記記録，作品や筆記物など，できる限り多様な記録を収集しておきたい。ビデオカメラによる映像記録においても，複数台のカメラによって異なる角度から同一の授業を記録することが望ましい。さらに，授業者の発話を教育言語に分類する際には他者にも同様に分類してもらい，その分類解釈の相違を交流し修正を加えることで妥当性を高めることが必要である。また先述したように，発話の文節単位を明確化することで，出現する文節数を対象にした定量分析が可能となる（図4[20]）。

　また，テキストマイニング（text mining）による分析も考えられる（図5[21]）。それは，言語データ（テキスト）を対象とするデータマイニングの理論および技術の総称であり，小林雄一郎によれば，「大量の言語データを解析し，データの背後に潜む有益な情報を探し出すことを主な目的」にしている[22]。この手法は，これまでの発話研究で重視してきたグラウンデッド・セオリー

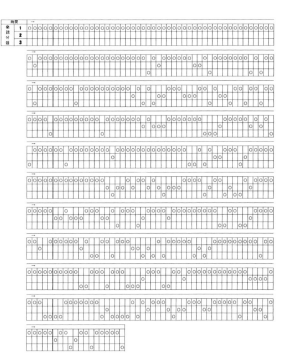

図4: 発話の文節出現数による定量的分析の例

（grounded theory）に則ったアブダクション（abduction）の発見過程を保証するものであると同時に、その妥当性を担保するものであると理解することができる。テキストマイニングを可能にする分析ツールはいくつもあるが、私が主に使用しているのは、KHcorderと呼ばれる分析ツールである[23]。

　以上のように、様々な分析方法を組み合わせることで、客観性を担保し、導出する結論の妥当性・説得性を高める工夫に取り組む。

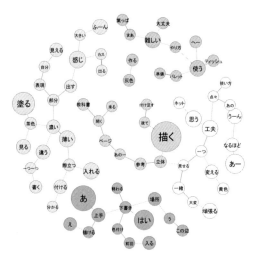

図5: テキストマイニングによる分析の例（共起ネットワーク図）

⑤他者と協働すること

　本研究が生み出され、10年にわたり継続されてきた重要な要因に、他者との協働が挙げられる。その協働とは、授業実践者をはじめとした学校教育現場だけではなく、授業研究に取り組む同志との協働（例えば、本学会授業研究部会メンバーとの議論）がある。また、他分野の研究者との意見交換も重要であった[24]。こうした他者との協働が、本研究の論理を鍛え、妥当性や説得性を高めることにつながっていた。さらには、本研究に対する学校教育現場からの評価から、新たな研究課題が生まれてくることもあった。

⑥「限界」を自覚し開示すること

　繰り返し述べてきたように、本研究から導出される知見の妥当性には限界がある。事実に基づいた実証的な結論ではあるが、限られた事例による仮説的な考察であるがゆえに、次のような課題が存在している。

　・客観性を向上させるために、より多くの事例を対象にした分析を進める必要がある。

　・発話の分類根拠を言語論等の学際的な視点から検討する必要がある。

　・定量分析により、より客観的な分析考察を行う必要がある。

　・質問紙調査や半構造的インタビューなどの手法を援用することで、考察の妥当性を検討する必要がある。

　・本研究で得られた知見を授業実践の改善に資する方策を考える必要がある。

　こうした限界と今後の課題を自覚し、そして開示することが、研究する者の研究結果に対する客観的態度を表明することになる。

　しかしながら、だからと言ってそれらの限界を克服できなければ研究として意味をなさないという訳ではない。アイスナーが「授業の本質についての深い理解なしに、それに重要な影響をもたらす研

究は生まれてこない」[25]と述べているように、単に事実を客観的に分析しただけでは、授業実践の本質を捉えることができない。本研究を通して私が痛感していることは、客観性を高める努力と同時に、日々子どもと向き合い授業実践を行っている教育現場の教師たちと本研究の成果と課題について語り合うことで、その妥当性を検討し、有効な実践知として高めていくことの重要性である。授業という人間による複雑な営みを対象化する授業研究においては、先述した「仮説的知見=アブダクション」を永続的に積み重ねて議論してゆくことでしか近づけない真理があるのではないかと思う。

4·········おわりに

　先述した通り、本研究は現在もなお継続中である。最後に、今後の研究発展を目指すうえで展望していることを確認しておきたい。

　一つ目は、定性分析と定量分析の複合援用である。すでに述べた通り、本研究では定性分析を中心に扱ってきたために、その分析の客観性を高めるためには、定量分析と組み合わせた分析の工夫が必要である。例えば、統計分析に詳しい研究者との協働が不可欠であろう。

　二つ目は、授業研究に対する国際的視点の導入である。授業研究（Lesson Study）の領域は急速に国際化が進んでいる。その象徴として、2006年にWorld Association of Lesson Studies（世界授業研究学会（WALS））[26]が設立され、世界的なネットワークが構築されている。周知の通り、日本の学校教育現場における授業研究は、「日本型授業研究」として注目されている。その特徴として挙げられるのは、教師の日常に密着した「現場第一主義」の研究であること、同じ学校に勤務する同僚同士が学び合う実践コミュニティ（学び合う共同体としての学校）を基盤としていること、事前、事中、事後といった授業の実践プロセスに応じたリフレクション的な思考が組み込まれていること、教師の学びと成長を促すことである[27]。柴田好章は、こうした日本型授業研究の世界への広がりを、上述した世界授業研究学会の動向、米国で広がる授業研究の動き、国際協力としての授業研究の広がりという三つの潮流から俯瞰して分析している[28]。このように、本研究も含め、現在日本で取り組まれている授業研究は、海外の動向と同期していく必然的な状況にあることに留意する必要がある。

　授業実践が子どもと教師という人間同士の関係性が織りなす営みであることは疑いのない事実であり、その営みを対象に研究するとは、多彩で複雑で奥深い世界に足を踏み入れることに他ならない。その際には、本稿で論じてきたように、研究者の授業実践に対するポジションが重要となる。そのことが語られる機会はまだまだ少ないが、これまで見てきたように少なくとも私が取り組んできた授業研究においては、そうしたポジションが研究を構築してきたと言っても過言ではない。特に、授業実践者ではない研究者が授業研究に取り組む際には、授業実践やその実践者に対する客観的ポジションを取りながらも、研究遂行においては実践者と研究者が対等の立場で対話を行う関係の

構築を目指すことが必要である。そうすることで，授業者と研究者との間に授業に関する新たな概念構築（言語の獲得）がもたらされるのだ。そして，それが授業研究を行うことの喜びにつながるのではなかろうか。

［参考情報］（引用文献除く）

美術科教育学会授業研究部会編『美術科教育における授業研究のすすめ方（美術科教育学会叢書第0号）』2017.
本学会授業研究部会が編纂した授業研究の手引書。一般販売はされておらず，発刊した年度の学会員に頒布された。

吉本均編『現代授業研究大事典』明治図書出版，1987.
634頁にわたる授業研究に関する事典。授業に関する歴史から授業研究の実際までのキーワードが網羅されている。絶版ではあるが，古書で入手することをお勧めする。

日本教育方法学会編『現代教育方法事典』図書文化社，2004.
日本教育方法学会所属の研究者らが教育方法に関する基本的な概念，原理，用語について，研究分野別に計547項目を解説している。現在は，電子書籍版で入手可能。

日本教育方法学会編『日本の授業研究〈上巻〉授業研究の歴史と教師教育／〈下巻〉授業研究の方法と形態』学文社，2009.
海外におけるレッスンスタディ運動のモデルとなった日本の授業研究の起源と歴史，理論と方法，その現状などに関して体系的にまとめられている。

日本教育方法学会編『Lesson Study in Japan』渓水社，2011.
日本のレッスンスタディを海外に紹介する意図のもとに「History of Lesson Study and Teacher Education」，「Methods and Styles of Lesson Study」について，英文で論じられている。

［註］

1）大泉義一「雑感:研究するということ」『美術科教育学会通信No.107』2021，pp.1〜2.
2）美術の専任教員が，その学校には私しかいなかったからである。
3）当時新設された，中学校第2学年における選択美術の授業であった。題材名は『Installation in School』。やや強引に解釈するならば，中学校版の「造形遊び」の実践であろうか。
4）奈須正裕「つくりながら知る」『教育心理学年報 第41集』2001，pp.175〜176.
5）本章の内容は，下記拙論の内容を再構成したものである。
大泉義一「求められる授業研究の目的と方法」『美術科教育における授業研究のすすめ方』（美術科教育学会叢書第0号），2017，pp.47〜53.
6）平山満義『質的研究法による授業研究—教育学／教育工学／心理学からのアプローチ—』北大路書房．2001，p.133.

7）同, p.144.

8）その研究の成果は, 上掲註5の「美術科教育学会授業研究部会編『美術科教育における授業研究の進め方 美術科教育学会叢書第0号』美術科教育学会, 2017」としてまとめられ, 当時の会員に頒布されることになった. 周知の通り, 本書がきっかけとなり本学会叢書はシリーズ化されることとなった.

9）金子一夫『美術科教育の方法論と歴史〔新訂増補〕』中央公論美術出版, 2003, p.31.

10）山下政俊『学びをひらく第2教育言語の力』明治図書, 2003, pp.13～16.

11）本研究は, 科学研究費補助金に採択され継続されている. 基盤研究(C)「教師の「第3教育言語」の分析を通した図画工作・美術科授業改善システムの構築」[課題研究番号18K02659]

12）以下8篇の研究論文を指す.

a 大泉義一「図画工作・美術科の授業における教師の発話に関する実践研究 -図画工作・美術科の授業を構成する『第3教育言語』への着目-」『美術教育学』第32号, 2010, pp.69～83.

b 大泉義一「図画工作・美術科の授業における教師の発話に関する実践研究・Ⅱ -教職キャリアと『第3教育言語』の関係から-」『美術教育学』第33号, 2011, pp.135～147.

c 大泉義一「図画工作・美術科の授業における教師の発話に関する実践研究・Ⅲ -中学校美術科の授業分析と美術教師論-」『美術教育学』第34号, 2012, pp.125～138.

d 大泉義一, 山添joseph勇「図画工作・美術科の授業における教師の発話に関する実践研究・Ⅳ -深沢アート研究所『こども造形教室』と図画工作・美術科の授業の比較から-」『美術教育学』第35号, 2013, pp.165～178.

e 大泉義一「図画工作・美術科の授業における教師の発話に関する実践研究・Ⅴ -教員免許更新講習「図画工作・美術科の授業論」のプログラム開発とその実践-」『美術教育学』第38号, 2017, pp.93～106.

f 大泉義一「図画工作・美術科の授業における教師の発話に関する実践研究・Ⅵ -図画工作科, 算数科, 社会の授業比較分析から-」『美術教育学』第39号, 2018, pp.65～78.

g 大泉義一, 吉田岳雄「図画工作・美術科の授業における教師の発話に関する実践研究・Ⅶ -小学校, 中学校, 高等学校の授業比較分析から-」『美術教育学』第40号, 2019, pp.65～79.

h 大泉義一「図画工作・美術科の授業における教師の発話に関する実践研究・Ⅷ -教師の発話分析を通した授業研究プログラムの構想-」『美術教育学』第43号, 2022(印刷中).

13）例えば服装. 対象となる学校教育現場の雰囲気に合わせ, フォーマルな服装で赴くことが必要である. また学校内での振る舞いや校内の教職員への態度にも留意する. 当然ながら学校長への事前打ち合わせも不可欠である. 研究後には, 研究成果の報告とともにあらためて感謝を伝えることも肝要である. 研究の前提として, 学校教育現場への理解と共感が必要なのである.

14）音声をテキスト化する方法は, ソフトを利用する他に業者発注する方法もある.

15）ウヴェ・フリック(著), 小田博志(訳)『質的研究入門 -〈人間の科学〉のための方法論』春秋社, 2004, p.53

16）ハロルド・ガーフィンケル(著), 山田富秋(訳)『エスノメソドロジー −社会学的思考の解体』せりか書房, 2008, pp.331～332.

17）ウヴェ・フリック, 前掲 註15), pp.393～394.

18）同, pp.55.

19）同, pp.57～58.

20）同 註12), 論文gより抜粋, p.69.

21）同 抜粋, p.75.

22）小林雄一郎『Rによるやさしいテキストマイニング』オーム社, 2017, p.3.

23）「KH Coder (khcoder-200f.tar.gz)」は, 樋口耕一が開発したテキスト型(文章型)データを統計的に分析するためのフリーソフトウェアである. 下記サイトでダウンロードすることが可能である.
〈http://khc.sourceforge.net/〉, 2022年1月25日閲覧.

24）当時の授業研究部会には, お茶の水女子大学基幹研究院人間科学系准教授の刑部育子氏が, 学習論研究者の立場から参画していた.

25）エリオット・W・アイスナー(著), 仲瀬律久他(訳)『美術教育と子どもの知的発達』黎明書房, 1986, p.234.

26）〈https://www.walsnet.org/〉, 2022年1月25日閲覧.

27）日本教育工学会監修, 小柳和喜雄, 柴田好章編著『Lesson Study (レッスンスタディ)』ミネルヴァ書房, 2017, pp.153-154.

28）同, pp.19～33.

III 海外研究者インタビュー

異文化における研究者としての歩み
中国と日本における美術教育研究

銭 初熹＋徐 英杰
直江俊雄
QIAN Chuxi ＋ XU Yingjie………Interviewer: NAOE Toshio

1………はじめに

図1: 視覚芸術教育研究大会にて（華東師範大学，2018年）。左から徐，銭，直江。

　銭初熹（せんしょき）は1990年代に日本に留学して博士号を取得し，帰国後は中国の大学で教員養成に携わるとともに，政府の美術教育政策等でも重要な役割を果たし，中国の美術教育研究を牽引してきた。徐英杰（じょえいけつ）はそれから約20年後，2010年代に日本に留学して博士課程を修了し，現在は銭と同じ大学で研究と教員養成に携わる新進の研究者である。

　本章では，銭と大学院生時代に同じ研究室で学び，また徐の大学院での指導教員でもあった直江とのやりとりを通して，異文化の中で自らを研究者として確立していった二人の歩みと，二つの文化を通して美術教育を研究する視点などについて考えたい。インタビューは2021年から2022年にかけて電子メールを通して行われた。

2………日本留学時代

［直江］　最初に銭先生の研究についてお聞きしたい。あなたは1996年に「中国の小学校における絵画教育の研究—日本との比較・考察—」のテーマで博士号を取得したが，日本でこの研究テーマに取り組んだ背景や理由は何か。

［銭］　1980年から1991年まで，上海市の少年宮で美術教師をしていた。少年宮で美術を学ぶのは各学校から推薦された美術が得意な子どもたち（4歳から16歳）で，学校の公開日には世界各国からの参観者が毎週訪れていた。私は外国から訪れる美術教育研究者や教師たちとの交

流から,当時各国で展開されていた創造主義的な美術教育を知り,授業に取り入れるようになった。そうした中で,美術教育について「何のために教えるのか」「何を教えるのか」「どのように教えるのか」という根本的な問題を考えるようになったのが研究の道に進んだきっかけだ。

[直江]　「少年宮」とは,どのようなものか。

[銭]　子どもたちの課外活動を支援するために作られた主に集団的な文化活動を行う施設だ。その名称はロシア語の「ピオネール宮殿」に由来する。主に科学技術教育活動,文芸教育活動,スポーツ教育活動,公共教育活動の四つの活動を行う。その中の文芸教育活動は美術,音楽,ダンス,演劇,映画などの芸術活動を含む。

[直江]　大学院での研究テーマは,どのようにして選んだのか。

[銭]　筑波大学大学院博士課程芸術学研究科(当時)に留学して間もなく,中国と日本の小学校における絵画教育の比較を研究テーマに据えた。当時(1980年代)の中国の小中学校での美術教育要綱[1](日本の学習指導要領に相当)では,絵画教育が大きな比重を占めており,実際に教師は絵画の指導をすることが多かったので,この分野からの研究が中国における美術教育の発展に重要と考えたからだ。また自分の経験と組み合わせることで研究をより深く独自のものにできると考え,少年宮と青少年の絵画教育から取り掛かることにした。

[直江]　この研究では,どのように自分の研究技法を確立していったのか。

[銭]　5年間で大量の哲学,文化学,教育学,美学,心理学,芸術学,美術教育学などの著作や論文を読み,十数回のシンポジウムに参加した。その間に,日中比較の視点で中国の小学校における美術教育を考察し,その成果を論文誌『藝術教育學』に発表した。すなわち,第5号(1993)で「中国の少年宮における美術教育の歴史と展望」[2],第6号(1994)で「中国の小学校における絵画教育の系譜」[3],第7号(1995)で「中国の小学校における絵画教育の研究」[4]と連続投稿した。
　　そして各国の美術カリキュラムや美術教科書を研究し,中国と日本の小中学校において美術授業の現場調査を行った。留学前に蓄積していた多くの理論と自分自身の教育実践とを活かし,日本で学んだ美術教育理論とともに,文献研究,調査研究,比較研究など多様な研究方法を取り入れた。芸術学の博士号を飛び級(通常3年で修了する博士を2年で修了)で取得したとき,私は美術教育に関する迷いが解け,自身の研究の進むべき方向が明らかになったような気がした。

［直江］　それまでどんな迷いがあり、またどのような方向が明らかになったのか。

［銭］　日本に留学した当初は、「美術教育の本質と価値とは何か、そしてどうすべきか」という疑問や迷いをもっていた。留学を通して、私はこの疑問について新しい認識を得た。歴史を俯瞰すると、実用主義、構築主義、ポストモダンなどの主要な哲学思潮が美術教育の発展に影響を与えたが、学校の美術課程に決定的な影響を与える、独占する単一の哲学はないということだ。私は、芸術教育の最も主要な価値は、美術が人間に与える経験と理解という特質の中にあると確信し、それがその後の研究を導くことになった。また、学校の美術課程の目標と方法は時代の発展に適応して、政治、経済、文化、教育、科学技術とも関連をもち、そして学習者の成長と社会の発展を促すべきであると考えている。

［直江］　徐先生の研究についてうかがっていこう。銭先生と同様に日本に留学し、「中国の美術教員養成カリキュラムに関する研究」として2017年に博士論文をまとめた。その間、美術科教育学会誌に掲載された論文[5]で『美術教育学』賞奨励賞を受賞している。このテーマに着目した経緯は何か。

［徐］　まず中国の基礎教育（義務教育、一般的に6歳から15歳までの範囲として理解されているが、法律上には最大年齢制限を特に規定していない）の変化から話したい。2000年代に入って、子どもの総合的な素質や豊かな人間性を育てようとする「素質教育」が推進され、基礎教育における美術カリキュラム改革が始まった。美術を通して子どもや生徒の創造性、感受性などを培い、人間形成を促す美術教育が学校教育現場と大学の美術教員養成課程に求められるようになった。

　その一方で、教員養成制度改革や、それに伴う「アカデミズム志向（中国では「学術志向」）」と「教育実践志向（中国では「師範志向」）」の間の論争が続いている状況があった。1950年代から今日に至る美術教員養成課程は、どのようにして従来の教育モデルを改革し、新たな挑戦に対応できるカリキュラムを創出できるのか。そのためには、教員養成としての美術教育の独自性を把握することが重要であり、何か新しい視点をもたらしたいと考えた。

［直江］　この研究では、主にどのような研究方法を用いたのか。

［徐］　主に歴史研究と比較教育学の研究方法を用いた。他者との比較は個人の自己認識を助けるだけではなく、社会や教育の事象全般を理解することにも有効だ。しかし、他国の経験から学ぶためには、まず自国についての理解がなければならない。特に中国の美術教員養成は、独特な歴史と伝統の所産であるため、その研究は現状の分析だけでは不十分であり、現在の教育を生み育ててきた背景としての歴史研究も不可欠だと考えた。

先行研究[6)]を考察した結果,その歴史的変遷に関する研究が少ない状況が明らかになったため,より信頼性が高い一次資料を収集し,1950年代から1980年代における美術教員養成に関する制度と教育内容を解明し,芸術・文化的影響についての考察を行った。その成果を踏まえた上で,中国と日本の大学における美術教員養成の現状調査を行うことで,両国の相違点や特徴をより深くとらえられるようになった。

[直江]　徐先生の場合,研究の途中では中国と日本の美術教員養成を並列して比較する可能性を探った時期もあったが,独自の制度的,思想的,文化的文脈をもつ中国の状況を明らかにすることがその基礎として必要であり,博士論文としてはその点に絞った。

　付け加えて述べると,単に制度としての教員養成の変遷を明らかにするだけではなく,同時代の社会,美術,教育の状況を合わせながら解明した点が重要だ。とくに美術の状況との関連は,教員養成課程で教育者側に立つ美術専門家たちの志向性と深く関わるものであり,実際の美術教員養成カリキュラムが「なぜ」そうなっているのかを考察する上で独自の視点を提示したと言える。

　銭先生,徐先生お二人の研究が,中国と日本の比較を念頭に置きながらも,それぞれの留学時期に中国で求められた教育課題,そして自身の経験や問題意識から研究テーマを探った様子が伝わってきた。

3………中国帰国後の展開

[直江]　中国に帰国後の研究としては,どのようなテーマに取り組んできたか。

[銭]　1996年から今に至るまで,華東師範大学で美術教育研究と学生指導に取り組む一方,美術教育の専門課程に関する授業改革を積極的に行い,義務教育と高等学校教育の美術カリキュラム標準や,小中学校教員養成課程の指導標準(美術科)の制定にも携わった。

　また,多くの研究プロジェクトに取り組む中で,多様で学際的な研究を生み出してきた。ここでは,私が代表を務めた四つの研究プロジェクトを紹介したい。

(1)子どもの美術心理発達についての研究(中国教育部人文社会科学基金プロジェクト, 2001年)

　美術教育学と発展心理学を結びつけた研究方法を用い,子どもの絵画心理発達のテスト方法を開発,児童の審美心理テストの基準を策定した。それらの成果を美術教育の実践に活用し,子どもの美術心理発達の評価体系を確立する根拠を提供した。

　図2は2002年に中国・上海市の幼稚園,小学校,中学校,高校の各学年の学生を対象に「私と友達が一緒にサッカーする」というテーマでテストし,701枚の有効テストを回収した上で,76測定項目に基づいて子どもたちの絵画発達の特徴を考察した研究からの作品例である。

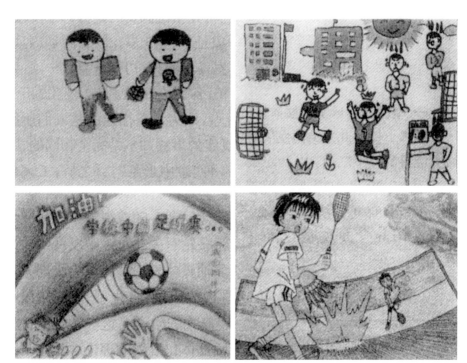

図2: テストによる絵画作品(左上: 幼稚園児,右上: 小学生,左下: 中学生,右下: 高校生)

(2)美術教育における青少年の心理的健康を促進する実験的研究(中国社会科学基金プロジェクト, 2002年)

　美術教育学と健康心理学を結びつけた学際的研究方法を用い,美術創作の授業や鑑賞の授業を通じて心理的健康のレベルを把握することで,青少年の心理的健康を促進する新しい観点と方法を提案した。

(3)文化創造性産業と現代学校の美術教育に関する研究(中国社会科学基金プロジェクト, 2008年)

　初めて脳の学習ルートに関する研究成果を導入し,視覚認知能力と創造力との関係を明らかにした。これをもとに,発想力育成を目指す美術コースを開発し,さまざまな方法を提供してきた。中でも,「中国の要素」を核心とする美術コースで創造的な人材を養成した経験は,中国の伝統文化と現代の美術教育を結びつける画期的なものだった。このプロジェクトでは,芸術学,教育学,経済学,文化学,社会学,脳科学を融合させる学際的アプローチを開拓した。

(4)美育学科の発展研究(2016年-2025年)(中国社会科学基金プロジェクト, 2020年)

　美育学科に関する研究に,音楽教育,舞踊教育,演劇教育,美術教育,書道教育,ニューメ

ディア芸術教育の研究を包含したものだ。従来の定量的・質的アプローチに加え、認知神経科学の研究パラダイムを融合させ、テキスト分析や可視化ビッグデータなどを取り入れ、研究アプローチの科学化への方向性を示した。

[直江]　異なる専門領域の研究者によるプロジェクトチームを指揮して、その連携や触発から新しい研究を生み出してこられたようだ。最も大きな規模の研究プロジェクトでは、参加した研究者は何人くらいになったのか。

[銭]　最大で20人ぐらいの研究チームだ。

[直江]　徐先生は、帰国後まだ数年しかたっていないが、現在はどのような研究に取り組んでいるか。

[徐]　美術教員養成は私が注目し続けていく研究テーマだ。博士号を取得後、私は華東師範大学の美術学院美術教育系（美術教員養成専攻）で「中学美術授業デザイン」や「教育実習」などの履修科目を担当しているほか、美術教員養成課程の改革に携わっている。これらの実務を通して中国の美術教師養成の最新動向と課題を知ることができる。
　近年の中国の教員養成カリキュラムの課題として、授業が専門性に偏り子どもの教育につながる視点に乏しい、カリキュラムに関連性が作られていない、そして現場が求める実践的指導力を養成していないことなどが指摘されている。また、教員養成としての教科専門教育の独自性も求められている。こうした課題の解決に向けて、OBE（Outcome Based Education）[7]に基づく美術教員養成専攻の改革が各教員養成系大学で始まり、華東師範大学でも取り組んでいる。この改革はこれからの美術教員養成カリキュラムにどのような影響を与えられるか、引き続き注目したい。
　そのほかには、コア・コンピテンシー（Core Competencies）に基づく小中学校美術教育に関する研究に取り組んでいる。近年では、グローバル化と情報技術や人工知能などの技術革新が進み、社会構造や雇用環境が急速に変化している。新しい時代に対応する汎用性のある能力として、どのように美術教育におけるコンピテンシーをとらえるのか。中国だけでなく日本を含む各国にとっても共通かつ重要な課題だ。各国がどのようなカリキュラムモデルを創出していくか、国際比較の観点からこの動向を考察したい。

[直江]　中国における美術教育研究発展の歴史と重なるような銭先生の壮大な研究プロジェクトの歩みと、まさに中国の美術教員養成の未来を任された徐先生による現実の課題に対応した堅実な研究の始まりとの対照が興味深い。

[直江]　銭先生は,中国の少年宮で美術教師として約10年の経験を積まれた後,日本に留学して研究者としての歩みを始めた。1991年といえば,日本への中国からの留学生はまだ少なく,先駆者としての苦労も並大抵ではなかっただろう。帰国後は中国の美術教育研究発展の道を切り開いてきた。先駆者として多くの困難に直面したのではないだろうか。

[銭]　帰国後の25年間に国内外で学術論文100本あまり,著書15冊を発表する一方,国際美術教育シンポジウムを何回か企画し,国際的な交流と協力の架け橋を務めてきた。先に述べた四つの研究プロジェクトのほか,小中学校美術教科書の比較研究,アジア地域の美術教科書における伝統文化,高等学校美術教科書の使用状況調査,小中学生の美術能力テストの開発,美術館と学校の連携などのプロジェクトに携わってきた。

　その間,私はさまざまな困難にぶつかってきた。例えば,美術教育の理論と実践をどのように緊密に結びつけていくか。発見された諸問題をどのように解決するか。また,美術教育学と心理学を組み合わせた研究における最大の問題は,既存のテストや評価のツールがないことだった。さらに,時間,研究のための人材,研究費などの問題もあった。

　どのような困難があっても,私はそれが挑戦であり,チャンスでもあると思う。問題解決の方法を広くかつ深く考え,チームのメンバーと真剣に議論しながら研究計画,戦略,方法を練り直していくことによって,最終的には問題を解決して研究を順調に進めて成果を出すことができる。

[直江]　徐先生の時代には中国からの留学生数は飛躍的に増加し,世界各国へ優秀な留学生を送り出していた。徐先生の場合は,どのようにして留学を目指し,目標を実現してきたのか。

[徐]　21世紀に入り,中国は国際化が急速に進んだ。それを背景に多くの学生が国際的な視野を広げ,専門性を向上させるために,各国へ留学した。私も同じ目的で留学を始めたが,自分にとっては留学の過程を問題解決の過程と見なしていた。このような視点はデザインの専門教育を受けた経験と関連しているかもしれない。したがって,留学中にあった様々な問題に対して常に積極的に向き合った。それを通して学んだことと経験は目標の実現に活かされている。

[直江]　徐先生が留学時代に経験した研究上の困難は何か。またそれをどのように克服したか。

[徐]　研究で直面した困難は,日本語の文献とデータの分析,そしてプレゼンテーションの準備に必要な言語力の向上など多岐にわたったが,自分にとっては,博士後期課程1年生の時に,研究

方法についての知識が足りないことが最も難しい問題だった。仮説があってもそれを実証するアプローチがなければ，研究が進まない。この問題を克服するためには，美術科教育学会や他の研究会等に参加して研究発表を聞いたり，論文を読んだり，他分野の学問の研究方法も参考にしたりして，徐々に適切な研究方法を見つけていくしかなかった。今回の本書の出版は，美術教育研究を始める皆さんの助けになるだろう。

5………未来へ向けて

[直江]　お二人のこれまでの研究の歩みを語っていただいた。それらを踏まえて，現在及び未来の中国および世界の美術教育研究について，どのように見ているか。

[銭]　ユネスコによる『教育を再考する: 教育はグローバルな共有財になりうるか?』[8)]という研究報告を読んだが，今日では「学び」「教育」という概念が根本的に変わってきたことを，私自身が強く認識している。これまでの美術教育研究は形而下のレベルに留まり，形而上の議論にまで達することが難しかった。その理由は二つある。第一に，人間の思考は現実に現れる美術教育の現象に注意を向けて考えることに慣れすぎており，あらゆる教育課程の基礎を築くための美術教育の本質を理解することができない。第二に，美術教育の形而上的本質を議論し理解するには現象的な事物を理解するのとは異なる方法を用いる必要がある。それはカント（Immanuel Kant）が確立したアプリオリな方法で，人間の理性が経験に先んじて現象界の材料に概念，判断，推理などの形式で枠組みを与え理解することができるということだ。アプリオリな知性は人間の知識の普遍的必然性と客観的有効性を保証する。しかしこのことは経験的な思考に慣れている人々にはなかなか理解されず，重視されなかった。

[直江]　これまで美術教育研究と先端的な科学との連携を進めてきた銭先生が今，現象世界を超越した哲学的思考の必要性に目を向けているのは興味深い。

[銭]　これまで，美術教育の本質と限界についての深い哲学的な思考が欠如していることがその発展を妨げてきた。今，美術教育は新しい岐路に立っており，私たちは美術教育をより全面的かつ深く理解するために，その思考の原点に立ち返ることが急務だ。間もなく『哲学的視域における中国の視覚芸術教育研究』を人民美術出版社から出版する予定だが，これは私が美術教育に哲学の礎を築く探究の旅への第一歩となるだろう。

[直江]　現在の中国での美術教育研究について，具体的にはどのような状況が見られるのか。

[銭]　学問的独創性が不足していると思う。国際的な状況を俯瞰して，私は次のような発展の方向を提示したい。

　第一に，中国の美術教育の特色を発展させ，地域の革新と実践に焦点を当てるとともに，各国の研究成果を参考にしながらオリジナリティのある美術教育理論を形成すること。

　第二に，未来に向けた小中高等学校の美術カリキュラムは，「何を学ぶか」から，「どのように学ぶか」を強調するものに変わりつつある。例えば，ディープ・ラーニングの概念を明らかにする美術教育理論研究，仮想現実技術に基づく美術教育のディープ・ラーニング・モデルを構築する研究などだ。また，学習者中心に多様な学習者の要求に応え，美術科のコアリテラシーを育成するプロジェクトベース学習，「大観念（Big Idea）」コース，STEAMコースの開発と実践研究なども挙げられる。

　第三に，新しい時代の卓越した美術教師養成のために，大学と大学院修士段階を連続させた一体化モデルを研究し，小中高等学校の美術教育の実践と緊密に結びついた実践指向の美術教員養成カリキュラムの目標，内容，方法，評価の全面的な改革の研究を重点にすること。

　第四に，美術科コアリテラシーに対応する学習目標体系を確立する研究。学習者が美術の知識を探究し，創造的思考を刺激し，深い専門知識や創造的技能を獲得するための実証的研究を行い，多様なパフォーマンスとコンピテンシーに基づいた美術学習の評価体系とモデルを確立する研究に取り組むことだ。

[直江]　二つ目の提言で触れている，「大観念」コースとはどのようなものか。

[銭]　知識の重要性の再確認や「本質的な問い」「ビッグアイデア（big idea）」と呼ばれる内容精選の動き，知識と資質・能力の育成を一体的に行おうとする統合的・文脈的アプローチのことだ。

[直江]　徐先生の観点からは，今の中国の美術教育研究の状況をどう見ているか。

[徐]　華東師範大学芸術教育研究センターが2020年に国際美術教育学会（InSEA）と連携して開催した大会における研究テーマを見ると，「美術課程の比較研究」，「伝統文化教育における学際的比較研究」，「デザインとSTEAM教育」に関する研究などが注目されていた。

　中国の美術教育研究は国際的な動向に注目しながら時代とともに発展している。一方で，美術教育史に関する研究が比較的少ないと思う。中国の美術教育の独自性を創出するためには，歴史的な観点でその問題を俯瞰する必要もあるだろう。

[直江]　これからの研究者，とくに留学を目指す学生や，国際的な研究協力に取り組みたい人々

に向けてメッセージを。

[銭]　ビッグデータ時代の到来は,人々の学び,生活,仕事,思考のあり方を変え,教育に大きな変革をもたらし,教育研究の視野を広げている。近年,主に二つの方面で,学際的な教育研究のパラダイム・シフトが起こっている。その一つは,実証的な研究への評価研究の転換であり,もう一つは単独の分野の研究から神経科学を組み込んだ教育方法研究への転換だ。今後,中国の美術教育研究はデータを深く掘り起こし,精緻化することを重視するとともに,明瞭な理論的基礎と分析の枠組みを確立し,学際的に融合した研究を展開することにより,独創性のある貢献をしていく必要がある。

[徐]　研究の過程は,まるで永遠に動かない壁を押しているようだ。多くのエネルギーを費やしても,壁は動かない。しかし,鏡の中の自分を振り返ってみると,すでに強い人間に変わっている。研究には際限がないが,研究を通じて得られた成長は,ある意味で成果より価値があると思う。

[直江]　研究に関する情報の世界同時進行は加速するが,一方で,異なる文化の中に自らの身を置きながら研究の確立を模索する経験は,その研究者の生き方に大きな影響を残す。他の文化を通して研究対象を相対的に見る姿勢が基底として身についてしまうからだ。美術教育研究においても,双方の視点を仲立ちできる研究者の役割は今後も重要であり,こうした挑戦を試みる人々をさらに応援していきたい。

[参考情報]

銭初熹「面向未来:視覚艺术教育的哲学思辨(未来に向けて: 視覚芸術教育の哲学思弁)」,『美育学刊』第61号,杭州師範大学, 2020,中国, pp.27-33.
21世紀において視覚芸術教育の原点に戻り,その本質,究極の教育目標と普遍的な一連の問題に答えるために,哲学的観点の必要性について論じた。

銭初熹「以扩展与挑战培养学生核心素养的"大观念"视觉艺术课程研究（学生のコンピテンシーの育成を発展・挑戦するビッグアイデアの視覚芸術課程に関する研究）」，『美育学刊』，第53号，杭州師範大学，2019，中国，pp.1-9.
学習者のコンピテンシー育成をめぐって，ビッグアイデアによる視覚芸術課程について，定義，指導原則，課程の枠組みを提示し，四つの事例を用いてその有効性を論証した。

徐英杰「中華人民共和国における美術教員養成課程のカリキュラム—1980年代を中心に—」『美術教育学』第36号，美術科教育学会，2015, pp.207-221.
文化革命期から改革開放政策開始期の中国の美術教員養成の変化を史的に捉えた研究[9]。

徐英杰「中国の師範大学における美術教員養成課程の分析—美術学（教師教育）専攻に対する考察—」宮脇理監修『アートエデュケーション思考—Dr.宮脇理88歳と併走する論考・エッセイ集—』学術研究出版, 2016, 日本, pp.19-26.
中国の美術教員養成に関するテーマの中で，現代に最も近い時代の問題を取り上げた研究。実地調査に基づいて七つの師範大学のカリキュラムを分析した。

［註］

1）課程教材研究所「1988年（80年代）9年制義務教育全日制小学校美術教育大綱（初審稿）」『20世紀中国中小学校課程標準・教学大綱要滙編: 音楽・美術・労技巻』，人民教育出版社, 1999.
2）銭初熹「中国の少年宮における美術教育の歴史と展望」『藝術教育學』第5号，筑波大学芸術系芸術教育学研究室，1993, pp.53-72.
3）銭初熹「中国の小学校における絵画教育の系譜」『藝術教育學』第6号，筑波大学芸術系芸術教育学研究室，1994, pp.61-75.
4）銭初熹「中国の小学校における絵画教育の研究」『藝術教育學』第7号，筑波大学芸術系芸術教育学研究室，1995, pp.23-31.
5）徐英杰「中華人民共和国における美術教員養成課程のカリキュラム —1980 年代を中心に—」『美術教育学』第36号，美術科教育学会，2015, pp.207-221.
6）例えば，陳永明「中国と日本の教師教育制度に関する比較研究」（博士論文，筑波大学，1991）と朱淑娥「中国百年高等師範美術教育思想発展研究」（未刊行修士論文，陝西師範大学, 2007）が挙げられる。
陳は，教員養成における教師像，養成制度，採用制度，研修制度を比較教育学の観点から，日本と中国の近代的教員養成制度の創始から今日までの変遷過程を比較した。また，「政治・経済的」と「文化・教育的」側面から両国の教師教育制度が異なるものとなった要因を考察した。ただし，美術を含む各教科教員養成の状況については触れていない。
朱は1950年代から2000年代までの美術教員養成について，ソビエト型の美術教育思想，画家や教育思想家の教育思想，政治が高等師範学校の美術教員養成に影響を与えたと主張した。ただし，それらの思想が当時の美術教員養成カリキュラムにどう反映されたのかについては未検討である。
7）OBE（Outcome-based Education）は，20世紀末にアメリカで発展し，その最も代表的な学者であるWilliam Spadyが提唱した理論。「学習成果基盤型教育」とも呼ばれており，学習目標や目標とした能力を設定し，それに基づいてカリキュラム，指導，評価を組織して，学習成果が習得されたかどうかについて教育機関が説明責任を担うという考えに基づいたカリキュラムをデザインする。
OBE に基づいた教員養成改革は，2018年から中国国内のすべての大学の教員養成専攻で実施されている。
8）UNESCO, Rethinking Education: Towards a global common good? 2015,〈https://www.sdg4education2030.org/rethinking-education-unesco-2015〉
2021年9月28日アクセス
9）「日本が明治当初に経験した多くの課題と通底する史的展開が見られ」「文化的架橋の基礎となる論文として高く評価できる」と評された。（上山浩「第13回『美術教育学』賞選考報告」『美術科教育学会通信』no.92, 2016, p.12）

ある美術教育者の自画像
日々の教育実践から世界を見つめて

リチャード・ヒックマン

聞き手：
直江俊雄
HICKMAN, Richard………Interviewer: NAOE Toshio

1………はじめに

図1：2015年、ケンブリッジ郊外にて（左から）ヒックマン，直江，リチャード・キーズ
（キーズは『教育学のアート・アンド・クラフト』に登場する10名の美術教育者の一人）

リチャード・ヒックマンは美術教育とその研究に長年携わり，英国における美術・デザイン教育研究の動向をまとめた『美術・デザイン教育研究：課題と事例』[1)]や，世界各国から研究者が参加した大著『美術・デザイン教育国際百科事典』[2)]の編集責任者を務めた。自身の研究では美術教育実践者を対象とした聞き取りから分析した著書を出しているが，同時に画家としての活動を継続している。

　本章では，英国における実地調査や，上記の国際百科事典執筆等で同氏と協力してきた直江とのやりとりを通して，日々の教育実践からの発想をもとに，幅広い視野で英国と世界の美術教育を俯瞰するヒックマンの研究者としての自画像を浮き彫りにする。インタビューは2021年の夏から秋にかけて電子メールを通して行われ，直江がまとめた原稿を両者が協議して完成させた。

2………芸術的・詩的研究の確立を目指して

［直江］　あなたの発表した研究の中で私は最初に『私たちはなぜアートを作り，教えるのか』[3)]に興味をもった。同書では，芸術家，職人，学生たちなど，美術の専門家と一般の人々からの聞き取りをもとに，美術教育の重要性を，情熱をこめて，また理性的に訴えたことが印象的だ[4)]。さらに『教育学のアート・アンド・クラフト：優れた教師たちの肖像』[5)]（以下，『教育学のアート・アンド・クラフト』）では，優れた美術教師たちの個人史を聞き取り，美術教育者こそが優れた教師のモデルとなりうるという説を展開している。これらの研究の中で，あなたはどのような研究技法を発展させてきたのか。

［ヒックマン］　オートエスノグラフィー（autoethnography），そしてオートサイコグラフィ（autopsychography）だ。『教育学のアート・アンド・クラフト』を例に話をしよう。

同書で用いたライフ・ヒストリーへと私を導いたのは，次のような疑問だった。

優れた美術教育の実践の特徴とはなんだろう。

個人の人生経験は，美術教師の教育実践に対してどのように影響するだろうか。

彼らの教育実践から他者は何を学べるだろうか。

教育では，私たちは主に人間関係を扱っている。それらは複雑で，多面的で，移り変わっていくものであり，おそらく量的な研究方法では十分に意味のある分析ができないと考えたのだ。

ここで私は，『教育学のアート・アンド・クラフト』のための研究から導き出した一つの「実践的英知（practical sagacity）」に注意を促しておきたい。それは，素材と実際に関わることを通して得られる暗黙の知恵（tacit wisdom）のことだ。

［直江］　同書では，あなた自身を含む10名の美術教育者のライフ・ヒストリーを取り上げた。回答への協力者を選んだ基準は何か。

［ヒックマン］　この研究では，電子メールによるやり取りが重要な役割を果たした。距離に制限されず，協力者になる可能性のある美術教師たちと，ほぼ即座に連携を取ることができるからだ。一方で私は回答者と直接話したり，実際の指導の現場を見たりする必要もあると感じたので，ケンブリッジから100マイル以内の地域で働く教師に限定することにした。研究計画の概要を説明すると全員が貢献に意欲を示してくれた。最終的に彼らが選ばれたのは，職業上の成功，連携の容易さ，活力，そして個人的結びつきなど，複合的な理由による。

［直江］　実際にはどのように研究を進めたのか。

［ヒックマン］　研究協力者には彼らの人生について，芸術や教育との関わり，教育実践に影響を与えたものなどについて書き留めて電子メールで回答してもらった。形式と内容は完全に自由にした。だから，学術的なスタイルを取ったものもあれば，内省的な日記のようなものもあるし，簡潔な報告書のようなものもある。それらを1年ほどかけて加筆修正してもらい，私の方で共通点を見出すために分析した。私はそれらのライフ・ヒストリーをそのまま本書の中に収めることにし，回答者にも早い時点でそれを伝えた。読者が私の行った分析に対して独自に挑戦できるようにしたいと考えたからだ。また彼らの職場を訪問して行動を観察した。私自身について書いたライフ・ヒストリーについては，文書を参照したり，私とその作品を長く知っている人々と議論したりすることによって，トライアンギュレーション（複数の視点・研究方法・根拠により実証性を高めること）を確保した。

［直江］　あなたは同書で取り上げたライフ・ヒストリーを「肖像画」や「自画像」と呼ぶことがある。美術における人物表現を連想させる言葉だ。

［ヒックマン］　関連した概念として，セルフ・ナラティブ（self-narrative），自伝（autobiography），回想録（memoir）がある。ナラティブはラテン語の「数え上げる」から派生した語で，「知る」という概念にも関係するので，セルフ・ナラティブは単に自分の人生に関して知っていることを列挙することだと言っていい。自伝は書き手の人生における一般的な出来事に年代順で焦点を当てていくが，回想録では重要な公共の出来事に絞られることが多い。

　自画像という言葉は自分のイメージを描くという絵画を連想させるが，書き手に関する特徴的な点を伝えようとする際に比喩的に用いることができる。それは，書き手自身が他者からどのように見られたいと思っているかにも影響されるし，自画像という慣習的な枠組みを使って，自分の異なった側面や新しく見出した点などを表現しようとするかも知れない。

　自伝や自画像は芸術の世界では確立された歴史があるが，質的研究に着目する社会学者の間では，オートエスノグラフィーが議論の的になっている。オートエスノグラフィーが自伝などと異なるのは，文化的コミュニティ内における自己との関わりを強調する点だ。

　語り（ナラティブ）について付け加えると，個人的な語りはその歴史的，文化的，社会的背景から離れて生じるものではなく，「マスター・ナラティブ（master narrative）」あるいは「メタ・ナラティブ（metanarrative）」と呼ばれるものとの間の複雑な関係のもとに存在する。また，セルフ・ナラティブが研究者によって新しい語りに変換される「ネオ・ナラティブ（neo-narratives）」は，実証的な厳密さには欠けると言われているが，意味を抽出して再提示するという点で，教育研究においては重要だ。

［直江］　それら関連するさまざまな質的探究方法の中で，あなたが言う「自画像」とはどのように位置づけられるのか。

［ヒックマン］　ここでの「自画像」は，いわゆる「アート・ベースド・リサーチ」の方法論を掲げて実際に絵を描くというようなものではなく，言葉で描く肖像画だ。それはエスノグラフィーに近い質的探究の一種だが，対象を記述し分析する上で，語り手（肖像画家）による主観的解釈を重視する。私の研究の主な媒体が電子メールであったため，その即時性とは逆説的なようだが，何か月にもわたってのやり取りの中で何度も書き直され，洗練され，新しい経験や気づきにいたることがあった。これらの事例は肖像画というより自画像であり，オートエスノグラフィーというよりは自伝であり，編集されていないのでネオナラティブではない。すなわちそれらは教育的な価値を有するライフ・ヒストリーの自己解釈，より正確に言えばおそらくライフ・ストーリーだ。

［直江］　芸術表現における自画像の概念を用いる点は興味深いが，研究としての信頼性につい

てはどのように考えるのか。

[ヒックマン]　「信頼性(reliability)」は、量的研究に関わる用語で、例えば医学研究では非常に重要だ。しかし、私が通常行うような種類の研究を判断する基準としてそれを用いるのは不適切だ。
　「学術的な」自画像('academic' self-portrait)というものを確立するにあたって、私は真実性、有用性、倫理性という三つの領域を提唱する。真実性については、研究者は研究動機が透明(中立的)であり説明が誠実なものであることを保証しなければならない。それは写真その他の根拠を示すことによってある程度担保されるが、通常の社会科学で要求されるような十分なトライアンギュレーションは困難だ。また個人の経験が、より一般的な問題にどのように関わるのかを明らかにすることも重要だ。
　これは自己説明に対する第二の側面、すなわち有用性の問題につながる。研究者はこの問題に関しては実用主義的なスタンスに立ち、自己耽溺にふけるような告白めいたものからは距離を置かなければならない。その話題が研究課題について他者の理解を深めるのに役立つかどうかということだ。
　倫理的な配慮としては、否定的な観察を含む場合の完全な匿名性の確保、特定の見解を主張するために書き手の声を歪めてしまわないことなどが重要だ。

[直江]　研究の枠組みとして、量的研究と質的研究が対比されることが多いが、あなたの立場は質的研究に基づきながらも、より芸術的なアプローチを模索しているようだ。

[ヒックマン]　それを質的研究の独特な側面として、芸術的(あるいは詩的)研究と呼んでみよう。表1では、芸術的研究における評価方法を、教育研究の他のアプローチで通常用いられる基準と比較しながら大まかに提示してみた。

表1: 研究の三つの研究パラダイムの判断基準

基本原則 GUIDING PRINCIPLE	量的研究 Quantitative research	質的研究 Qualitative research	
			芸術的研究 Artistic research
何が大事か Worthwhileness	実用性 Utility	価値 Value	洞察力 Insightfulness
真実性 Veracity	内的妥当性 Internal validity	信用 Credibility	真正であること Authenticity
適用性 Applicability	外的妥当性 External validity	転移可能性 Transferability	共感的な強さ Empathic strength
一貫性 Consistency	(統計的)確実性 Reliability	信頼性 Dependability	形式上の統一性 Formal coherence
説得力 Persuasiveness	どれほど信憑性があるか How Convincing	どれほど切実か How Compelling	表現力 Expressiveness
中立性 Neutrality	客観性 Objectivity	確証性 Confirmability	独自性 Distinctiveness

[直江]　芸術的研究では,洞察力,真正であること,共感的な強さ,形式上の統一性,表現力,独自性などの基本原則が判断の基準になるという説のようだ。実のところ,それぞれの概念を日本語に移そうとすると同じような訳語になってしまい,微妙な差異がわかりにくい。ここでは英語と併記して,読者にそれぞれの概念の意味するところを想像してもらうことにしよう。

[ヒックマン]　第一に,「芸術的」(「詩的」の語を用いてもよい)研究は,より一般的な質的研究という概念の下位区分であることを理解する必要がある——芸術的研究は,もちろん基本的に質的である。ここでは,一般的に質的研究で用いられる基準に照らし合わせて,芸術的研究の特徴を以下のように定義してみたい。

　洞察力,真正であること: 芸術的研究には,存在の本質などのような事柄に対して貴重な洞察を与える力がある。それがどの程度達成されているかは,研究の全体的な意義を判断する基準として有効だろう。だが真の価値を持つためには,引用された情報源を信頼する必要がある。したがって,真正性(authenticity, 本物であること)は非常に重要であり,研究者の声が信頼できるものであると示さなければならない。これは従来,写真,手紙,その他の文書などを参照することで行われてきたが,芸術的研究が真正であるためには,純粋な個人的努力から生まれた独自の特徴を持つ必要がある。

　共感的な強さ: これは研究内容,研究者,そして観客の間のつながりの度合いを表す言葉だ。研究が共感的な強さを得るためには,人々と意識下のレベルでつながる必要がある。芸術的研究の本質的な価値とは,抽象的でとらえどころのないもの,あるいは言葉による正統的な探究には適さないテーマを扱えることだ。詩や芸術の価値は,本来表現できないものを表現できる点にある。

　独自性: これは,研究がその領域にとって独自の貢献でなければならないという点で,真正性と関連する。私は芸術制作の行為を「美的意義の創造」と定義したが,これは芸術的研究を行う際には心に留めておく重要な考えだと思う。意義をもつためには何か独自の際立った点が必要であり,芸術的研究においては特に重要だ。付け加えると,主流の研究で使われるような意味での「厳密さ(rigour)」というオーソドックスな概念はここではあまり意味がない。それは芸術創造の場合と同じだ。

　おそらく,ここで付け加えておくべき点は,芸術的研究の特質の一つは,その多層性にあるということだ。それは全体の特質を判断する上で必須の基準ではないが,教育における芸術的研究に独特で貴重な役割を与えるものであり,この特異な性質に注意を向けることは重要だ。しかしながら,解釈が常に明白ではないため,聞く人／見る人(audience / spectator)の役割が大きくなる。実のところ,もし明白であれば,おそらく芸術としては高く評価できない。このことは,教育における芸術的研究における二つの問題を浮かび上がらせる。第一に,研究の質,あるいはすくなくともそれがどう受け止められるかということは,その芸術の質に影響を受けることがある。第二に,アート・ベースド(art-based)の教育研究に携わった学生たちに関する私自身の研究[6)]で気づいたことだが,アート・ベー

スド教育研究に精通した人々でさえ，文字で書かれた解説なしでイメージから意味を読み取ることは難しいということだ。

[**直江**]　ところであなたはまだオートサイコグラフィについて語っていないようだ。この概念はあなたの野心的な新説なのか。

[**ヒックマン**]　特に野心的というわけではないが，有用な理論的アプローチだと思っているし，説明が必要だろう。オートエスノグラフィーは，心理的側面よりは社会的側面に焦点を当てるという意味で，研究方法としては限界があると思う。

　　auto-は「自己」または「自分自身の」，-graphyは書くこと，そして-psycho-はここでは心理学とのつながりを示しており，文化人類学や社会学からの視点とは対照的だ。オートサイコグラフィは自己の「物語」を構成するときに書き手／表現者／研究者の心理的な旅（psychological journey）に重点を置く。そして自己の経験についての内省を人間の条件としての本質的な要素と考える。これは「セルフ・ナラティブの探究形式の一つとしての『オートサイコグラフィ』」[7]の中で私たちが論じた観点だ。

　　それからまだこれは構想段階なのだが，私の研究過程における初期段階について，従来のアプローチと対比してみようと考えている（表2）。従来の教育研究では，「感じた問題」から始めるというのが通例だが，私は「現象への気づき」という用語を使ったほうがいいと思う。

[**直江**]　この比較は具体的な手順を表しているので表1ほど翻訳は難しくなさそうだ。ビジュアル・オートサイコグラフィ（視覚的自己心理学）は，あなたの提唱する研究過程のモデルなのか。芸術作品の制作過程にも似ているが，先述の（ビジュアルのついていない）オートサイコグラフィーとはどのような違いがあるのか。

[**ヒックマン**]　オートサイコグラフィーは，私が採用したアプローチの一つだ。私は特定の方法や手法に縛られることなく，自分が取りかかっている調査に適したものを使う。ビジュアル・オートサイコグラフィとは，自分自身の心の旅のさまざまな側面について記録，コメント，具象化，分析などするために，主に芸術作品のような視覚的イメージを用いることだ。オートサイコグラフィのバリエーションの一つで，書き言葉優先ではなく，ほとんどすべて視覚的イメージに焦点を当てる。芸術制作自体が研究の一つの形だと主張する人もいるが，私は教育における芸術的研究は，教育に関わる現象を解明する方法を意識的に探る場合にのみ意義があると考えている。芸術家／研究者はビジュアル・オートサイコグラフィの教育的文脈を特に詳しく明らかにする必要がある。先にも述べたように，視覚的イメージだけでは不十分で，口頭または書面での説明を伴う必要があるが，イメージが強調されることには変わりはない。

オーソドックスなアプローチ Orthodox approaches	ビジュアル・オートサイコグラフィ Visual Autopsychography
感じた問題 Felt problem	現象への気づき Awareness of a phenomenon
問題の特定と定義 Identification and definition of the problem	現象の視覚的探究 A visual exploration of the phenomenon/a
問題および関連する事項の性質の調査,他者が本件についてどう考えたかをレビュー Investigation of the nature of the problem and related issues; review of how others have considered the issues	現象の文脈化 Contextualisation of the phenomenon/a
行動計画の作成と予備調査 Formulation of a plan of action and piloting it	探索的スケッチ Exploratory sketches
予備調査の初期分析 Initial analysis of pilot	制作物の振り返り Review of material produced
予備調査の公表とフィードバック Dissemination of pilot for feedback	同僚間で制作物の批判的検討 Critical examination of material amongst peers
リサーチ・クエスチョンの形成 Formulation of research questions	関心領域の特定 Identification of areas of interest
上記に基づき手法を洗練させる Refining of method in the light of above	媒体の性質に焦点を当てる Focus on the nature of the medium

3………研究者としての歩み

［直江］　あなたの研究技法形成の舞台裏に目を向けていこう。あなたの研究者としてのキャリアはどのようにして始まったのか。

［ヒックマン］　私はいつも何かを見つけることに興味があった。多分,自然な好奇心だろう。最初に実証的な研究を始めたのは美術大学の学生の頃だ。テントウムシの色彩に魅了され,多様な種の標本を数多く収集した。私の最新刊『混乱・困惑した人々のためのヒックマン雑文集』[8]には,私の発見したものをイラストとともに並べたセクションがある。

［直江］　これは,この夏（2021年7月）に出たばかりだね。前に見せてもらった2015年の雑文集から大幅に書き加えられている。1970年代にあなたがスケッチしたテントウムシの模様のバリエーションと研究メモが添えられていて,生き物の形の観察に没頭していた様子が伝わってくる（図2）。美術と美術教育に関する知識のほか,あなたが集めてきた様々なイメージとあなたの描いた作品が詰め込まれている,ユーモアにあふれた雑文集だ。

図2: リチャード・ヒックマンPsyllobora vigintiduopunctata（22星のテントウムシ）前面および背面図
紙に墨汁 5 x 5cm 1972
Hickman, *Hickman's Miscellany for the Perturb'd & Perplex'd, 2021*, pp.165-166. より

『教育学のアート・アンド・クラフト』に描かれたあなたの自画像（ライフ・ストーリー）によれば, 美術大学在学時から芸術家としてはダダやコンセプチュアルアートに傾倒していたとのこと。その後, 教員免許を取り, 学校で美術を教えるようになって, 自身が教室で生徒たちの前で芸術家として作品制作することの教育的意義を見出すようになった。そして大学院で美術教育を学び, その後, 教員養成の道に。大学院で指導を受けたブライアン・アリソン教授の影響から, 美術や教育とは独立した「美術教育」という領域の認識が強固になったこと, そして「たまたま教師になった芸術家」から「専門的な美術教育者」へと自己認識を変えたことなどが興味深い[9]。

大学院では, いったいどのような出来事があなたの美術教育への意識を変えたのだろうか。

[ヒックマン] それは, 美術とも教育とも違う, 美術教育独自の認識論的立場（epistemological status）について徐々に気づいていく過程だった。美術教育には独自の文献資料や専門誌があった。例えば, 1970年代前半には『英国美術教育学会誌』（*British Journal of the National Society for Art Education*）が刊行され, アリソン教授が「専門領域としての美術教育」[10]という論文などを発表している。

私の修士課程時代は, 美術教育の専門家としての美術教師, という観念を形作ってくれた。それは, ある程度は教育も行う芸術家とか, 芸術にちょっと手を出した教師, という観念とは正反対のものだ。もう一つ, 私の専門職としての実践に大きな影響を与えたのは, やはりアリソン教授によって広められた考え, これはアメリカで発展した考えにも影響を受けているが, 芸術は「手先だけ」（below the wrist）の職業ではなく, 本質的に知性を伴うものだ, という考えだ。アリソン教授の博士論文は「美術教育における知的要素（Intellectual Factors in Art Education）」であり, 私の修士論文は彼の考えを発展させて, 美術の授業で使用される言語や語彙に着目したものだった。後に, 私は自分の博士論文の研究でこのテーマに再び戻り, 美術の諸概念における困難さの水準に着目した。

［直江］　あなたの研究生活における困難について語ってもらいたい。

［ヒックマン］　官僚主義への対処だ。

［直江］　研究者人生における逆境を,どのように克服してきたか。

［ヒックマン］　自分自身を信頼し,自分の日々の教育活動に関連した小さな規模の研究を行い,研究を行うこと自体よりも時間と労力を要する大規模研究資金の応募をしないことによって!英国,とくにイングランドでは,学校での研究は(主に子どもたちを保護する観点から)実施することがますます難しくなっている。そこで私は,他者の許可を必要としないオートエスノグラフィーに焦点を当てたのだ。それはまた,自己という,自分にとって最も身近なものを活用する方法でもある。

［直江］　あなたの人生における研究者,教育者,芸術家の間のバランスや関係についてはどうとらえているか。

［ヒックマン］　成人してからの人生を通してずっと,研究者,教育者,芸術家としての異なった要求を経験してきた。はじめの頃,私が型から抜け出すことにあまり自信がなかった時期には,それぞれの活動は交わらず並行して行われていた。より自信をもつようになって慣習的なやり方に縛られないようになってくると,これらの異なったアイデンティティや活動を自在に活用し,それぞれが互いに高め合ったり影響し合ったりできるようになった。

図3: 個展会場のヒックマン
(キングズ・カレッジ・アートセンター,2016,撮影: 直江)

　思えば,若い美術教師としての最初の日々から現在に至るまで,私は生徒や学生たちと一緒に美術の制作活動に携わってきた。実際,私の最初の大きな個展は1970年代にさかのぼるのだが(図3および表3),すべて教室で生徒たちのそばで制作した絵画作品で構成されていた。

　私は今,美術作品の制作と認知や教育学におけるその役割に関する共同研究に携わっている。

開催年	展覧会名	開催場所	
1978	絵画と版画	ブラックソーン・ギャラリー	（レスター）
1979	近作	ヘイマーケット・シアター	（レスター）
1985	12か月の作品	ロズビー・ギャラリー	（レスター）
1990	チューブを絞って	ブリティッシュ・カウンシル	（シンガポール）
1994	セックスと犬とロックと石炭	ライジングサン・アーツセンター	（レディング）
2005	さまざまな芸術作品	キングズ・カレッジ	（ケンブリッジ）
2009	バッド・アート	ゼブラ, メイドコーズウェイ	（ケンブリッジ）
2016	エクフラシス（Ekphrasis）	キングズ・カレッジ	（ケンブリッジ）

4………国際的な視点, そして未来に向かって

[直江]　あなたは2008年に『美術・デザイン教育研究:課題と事例』を編集出版した。これは,『国際美術デザイン教育ジャーナル』（英国美術デザイン教育学会の発行する研究誌）の掲載論文を中心に当時の英国における美術教育研究の全体像を示そうとしたものだ。その最初の章「芸術教育研究の本質」の中であなたは, 芸術教育研究へのアプローチの中から「複合的アプローチ」「解釈的アプローチ」「現象学的アプローチ」などに言及した。その上で, 芸術の表現活動自体を研究の方法として用いるアート・ベースド・リサーチの動向についても注意を促した[11]。

　2019年の『美術・デザイン教育国際百科事典』は, 英国美術デザイン教育学会の企画により, 世界の30か国を超える著者が参加した壮大な出版物だ。第1巻「歴史・哲学編」, 第2巻「カリキュラム編」, 第3巻「教育学編」からなる。同書については美術科教育学会通信に書評も掲載されている[12]。

　これら重要な研究書の編集を通して, 英国や世界における美術教育研究の状況についてどのような見解をもっているか。

[ヒックマン]　これらの出版物は, 美術教育研究の状況に対する洞察をもたらしてくれる。一つ明確なのは, 量的・実証的研究と大規模な研究プロジェクトが不足していることだ。その要因は主に, a）美術に関する研究への資金獲得が困難なこと, そして, b）自然な傾向として芸術家や美術教育者が質的研究の方を好むこと, だ。とはいえ, 美術教育研究は教育研究一般に対して, 方法論的にも研究技法の点からも新境地を開く最前線にいるのだと言いたい。

　現在の教育を巡る状況は全世界で暗い影を落としているように見えるが, 私は悲観していない。

振り子がもう一度ゆり返せば,学校のあり方を変える力を持つ人々が,教育機関とは牢獄ではなく大家族の集まりのようなものであるべきだと気づくだろう。おそらくもっと大切なことは,本当に重要なものごとに重点を置いて行動したり作ったりすることを通した学びが,世界のカリキュラムの中心になることだ。

[直江]　若い美術教育研究者への助言を。

[ヒックマン]　若い研究者には,自分が本当に興味のある仕事をするように勧めたい。流行の研究課題を追うことは,助成金などの財政的支援は得られるかも知れないが,究極的にはあまり満足しない結果になる。私の考えでは,教育研究に携わる上で,唯一ではないにしてもいちばん大事な理由は,自分自身の教育活動を充実させるため,ということだ…。やがては,美術教育研究の一つの形として自分自身の美術作品を制作することが,より一般的に認められ重視されていくようになると確信している。

［参考情報］

Richard Hickman（ed）, *Research in Art Education: Issues and Exemplars*, Intellect Books, UK, 2008.（『美術・デザイン教育研究:課題と事例』）
当時の英国における美術教育研究の全体像を示す論文集。

Richard Hickman（ed）, *The International Encyclopedia of Art and Design Education*, Wiley-Blackwel, USA, 2019.（『美術・デザイン教育国際百科事典』）
「歴史・哲学編」「カリキュラム編」「教育学編」の全3巻からなる国際的な百科事典。

Richard Hickman, *The Art and Craft of Pedagogy: Portraits of Effective Teachers*, Bloomsbury, UK, 2013.
（『教育学のアート・アンド・クラフト:優れた教師たちの肖像』）
本章で取り上げた研究技法が探究されている。

［註］

1）Richard Hickman（ed）, *Research in Art Education: Issues and Exemplars*, Intellect Books, UK, 2008.

2）Richard Hickman（ed）, *The International Encyclopedia of Art and Design Education*, John Wiley & Sons, USA, 2019.

3）Richard Hickman, *Why We Make Art and Why it is Taught*, Intellect Books, UK, 2005.

4）Toshio Naoe, "Book Review: Why We Make Art and Why it is Taught, Richard Hickman,（2005）," *International Journal of Education through Art*, vol.3, no.2, 2007, pp.157-159.

5）Richard Hickman, *The Art and Craft of Pedagogy: Portraits of Effective Teachers*, Bloomsbury, UK, 2013.

6）Richard Hickman, "Art Based Reporting of Classroom Experience," *Australian Art Education*, vol.31, no.2, 2008, pp.46-63.

7）Yanyue Yuan and Richard Hickman, "'Autopsychography' as a Form of Self-Narrative Inquiry," *Journal of Humanistic Psychology*, vol.59, no.6, 2019, pp.842-858.

8）Richard Hickman, *Hickman's miscellany for the Perturb'd & Perplex'd,* Barking Publications, UK, 2021.

9）Hickman, "Richard Hickman," 前掲註5）*The Art and Craft of Pedagogy: Portraits of Effective Teachers*, pp.33-47.

10）Brian Allison, "Professional Art Education," *Journal of the National Society for Art Education*, vol.1, no.1, 1974, pp. 3-9.

11）Hickman, "The Nature of Research in Arts Education," 前掲註1）*Research in Art Education: Issues and Exemplars*, pp.15-24.

12）笠原広一「書評　国際美術デザイン教育百科事典　第3巻教育学編」『美術科教育学会通信』第104号, 2020, pp.25-26.

執筆者一覧（担当章順）

直江俊雄（なおえ としお）
筑波大学・教授
生年：1964年
略歴：筑波大学大学院博士課程芸術学研究科満期退学，博士（芸術学）
公立学校教諭，宇都宮大学助教授等，筑波大学准教授等を経て，現職
研究テーマ：日本と英国における中等教育の美術カリキュラム，美術教育方法とその歴史，アートライティング教育
［主要著作］
●『20世紀前半の英国における美術教育改革の研究－マリオン・リチャードソンの理論と実践』（建帛社，2002）
●"An Organic and Multilayered Conception of Art: Dialogues between Read and Art Educators," *Learning Through Art: Lessons for the 21st Century?*（分担執筆，InSEA Publications, 2019）
●"Barrier or Catalyst: Cross-Cultural and Language Issues for Doctoral Researchers in Japan," *Provoking the Field: International Perspectives on Visual Arts PhDs in Education.*（分担執筆, Intellect, 2019）
●"Japanese Arts and Crafts Pedagogy: Past and Present," *The International Encyclopedia of Art and Design Education.*（分担執筆, Wiley-Blackwel, 2019）
●「アニメーションから地域おこしまで—教室で生まれるデザイン教育—」『民具・民芸からデザインの未来まで—教育の視点から』（分担執筆，学術研究出版，2020）

新関伸也（にいぜき しんや）
滋賀大学・教授
生年：1959年
略歴：山形大学大学院教育学研究科修士課程修了，修士（教育学）
神奈川県・山形県公立中学校美術教員を経て，2000年滋賀大学助教授，現在同大学教授及び兵庫教育大学大学院連合学校教育学研究科教授（兼職）
研究テーマ：美術鑑賞学習の題材開発・方法・評価の研究，質的研究による授業分析など
［主要著作］
●『日本美術101鑑賞ガイドブック』（編著，三元社，2008）
『西洋美術101鑑賞ガイドブック』（編著，三元社，2008）
●『美術教育ハンドブック』（共編著，三元社，2018）

●『ルーブリックで変わる美術鑑賞学習』（編著，三元社，2020）
●『未来につなぐ美術教育（日本美術教育学会70周年記念論集）』（編著，三元社，2021）

縣 拓充（あがた たくみつ）
千葉大学・特任講師
生年：1982年
略歴：東京大学大学院教育学研究科博士後期課程総合教育科学専攻修了，博士（教育学）
日本学術振興会特別研究員（PD），千葉大学コミュニティ・イノベーションオフィス，東北大学高度教養教育・学生支援機構を経て，2022年より現職
研究テーマ：「創造性」「アートを通した学び」「ミュージアムにおける学び」の理解と支援
［主要著作］
●「創造の主体者としての市民を育む:『創造的教養』を育成する意義とその方法」『認知科学』20, 2013.（共著）
●「アーティストの作品創作プロセスを見せる美術展とその効果」『触発するミュージアム:文化的公共空間の新たな可能性を求めて』（分担執筆，あいり出版，2016）
●「アートプロジェクトから学ぶ教養としての創造的思考」『多様性が拓く学びのデザイン:主体的・対話的に他者と学ぶ教養教育の理論と実践』（分担執筆，明石書店，2020）
●「芸術表現の創造と鑑賞，およびその学びの支援」『教育心理学年報』59, 2020.（共著）
●Developing university students' creativity through participation in art projects, *Art-Based Methods in Education Research in Japan.*（分担執筆, Brill, 2022）

若山育代（わかやま いくよ）
富山大学・准教授
生年：1980年
略歴：広島大学大学院教育学研究科博士課程後期学習開発専攻修了，教育学博士
2009年より現職
研究テーマ：幼児の見立て描画，幼児期の造形教育における学び，保育者養成教育における造形表現
［主要著作］
●「幼児の造形体験における見立ての教育的意義と面白さ」『教育美術』No.858, 2013.
●「保育専攻学生の『子どもの状況に基づいて一斉保育の描画指導案を作成する態度』に及ぼすペル

ソナ/シナリオ法の効果：ルーブリック評価を採用して」『保育士養成研究』31, 2013.

● "Current Research Issues of Japanese Visual Arts Education for Early childhood on Global Innovative Society" *Proceedings of the International Conference of Early Childhood Education*, 2017.

●「年長後期から小学校1年スタート期にかけての『造形活動に向かう態度』の変化に関する事例的縦断研究」『美術教育学』第38号, 2017.（共著）

●『保育内容（表現）』（分担執筆, 光生館, 2018）

池田吏志（いけだ さとし）
広島大学・准教授
生年：1974年
略歴：筑波大学大学院修士課程芸術研究科美術専攻修了, 博士（教育学）
武庫川女子大学文学部教育学科非常勤講師, 西宮市立西宮養護学校講師, 大阪府立東大阪支援学校教諭を経て, 現職。
研究テーマ：障害・アート・教育の複合領域研究
［主要著作］
●「特別支援学校における美術の実施実態に関する全国調査」『美術教育学』第38号, 2017.（共著）

●「重度・重複障害児の造形活動−QOLを高める指導理論−」（単著, ジアース教育新社, 2018）

●*Mapping A/r/tography: Exhibition Catalogue.*（分担執筆, InSEA Publications, 2020）

●「国際学会誌における障害学と美術教育の複合領域に関する研究動向と課題」『美術教育学』第42号, 2021.

● "An Online Art Project Based on the Affirmative Model of Disability in Japan," *International Journal of Art & Design Education*, Early View, 2022.（共著）

渡邉美香（わたなべ みか）
大阪教育大学・准教授
生年：1978年
略歴：東京藝術大学大学院美術研究科博士後期課程美術専攻修了, 博士（美術）
（独）日本学術振興会特別研究員PD, 大阪教育大学教育学部講師を経て現職
研究テーマ：現代美術の教育における抽象表現の指導方法, 映像メディア表現の指導方法
［主要著作］
●「現代美術の教育における「抽象表現」の扱い方に関する理論と実技指導方法（1）〜（4）」, 『美術

科研究』第27〜30号, 2010〜2013.

●『新時代の学びを作る7 図画工作・美術科 理論と実践　新しい表現と鑑賞の授業づくりのために』（分担執筆, あいゆ出版, 2016）

●「日本とインドとの美術教育交流プログラムとその取り組みについて」, 『美術科研究』第37-38号, 2019-2020.

●「デジタルメディアを活用した美術教育についての一考察―ニューヨークの美術教育視察から―」, 『美術教育研究』第25号, 2020.

●「中学校美術科における映像メディア表現題材の展開：クロマキー合成を用いて」, 『美術科研究』第39号, 2021.

大島賢一（おおしま けんいち）
信州大学・助教
生年：1979年
略歴：東京学芸大学大学院連合学校教育学研究科博士課程修了, 博士（教育学）
2012年より現職
研究テーマ：美術教育史, 美術教育実践研究
［主要著作］
●「オワトナ美術教育プロジェクト−その思想と実践−」『美術教育学』第29号, 2008.

●「ハーバート・リードとトマス・マンローの美術教育と国際理解思想−InSEA設立に関わる言説をめぐって−」『美術教育学』第35号, 2014.

●「信州大学所蔵石井鶴三関連資料信書差出人に見る長野県教育関係者人脈【報告】」『信州大学附属図書館研究』第5号, 2016.

●「長野県教育界における石井鶴三の受容−『信濃教育』掲載の石井鶴三言及記事の検討−」『美術教育学』第38号, 2017.

●「『長野県内小学校聯合教科研究会図画手工研究録』に見る教育的図画の受容と克服」『美術教育学』第41号, 2020.

竹内晋平（たけうち しんぺい）
奈良教育大学・教授
生年：1973年
略歴：京都市立芸術大学大学院美術研究科博士（後期）課程修了, 博士（美術）
京都市立小学校教諭, 京都教育大学附属京都小学校教諭, 佛教大学教育学部講師, 奈良教育大学准教授を経て現職
研究テーマ：図画工作・美術科授業研究, 同カリキュラム研究, 美術教育史研究

[主要著作]

● "Meaning of Japanese traditional-style drawing lessons in current school education," *SYNNYT/ORIGINS.* (Aalto University, Department of Art, School of Arts, Design and Architecture, 2016)

●「京都府画学校関係者による毛筆画教育への関与（1）　−京都府内女学校への出講と教科書作成の状況を中心に−」『美術教育学』第37号, 2016.

●「京都府画学校関係者による毛筆画教育への関与（2）　−『玉泉習画帖』に掲載されたモチーフの意味−」『美術教育学』第38号, 2017.

●「鑑賞的体験の言語化を通した美術の俯瞰的理解　−中学校美術科学習におけるアクティブ・ラーニングの視点導入に基づく試み−」『美術教育学研究』第49号, 2017.（共著）

●「鑑賞的体験の言語化を通した美術の俯瞰的理解Ⅱ　−プロダクトデザインの鑑賞における発問設計とその効果を中心に−」『美術教育学研究』第52号, 2020.（共著）

中村和世（なかむら かずよ）
広島大学・教授
生年: 1969年
略歴: 米国インディアナ大学（ブルーミントン校）大学院教育学研究科博士課程後期修了, Ph.D.（教育学）
米国インディアナ大学東アジア研究所・研究員, 米国イリノイ大学（アーバナ・シャンペーン校）大学院教育学研究科・研究員などを経て, 現職
研究テーマ: ジョン・デューイの芸術教育, 米国美術教育・カリキュラム研究, 学校と美術館との連携による学習開発

[主要著作]

●『デューイの思想形成と経験の成長過程』（共著, 北樹出版, 2022）

●『新・教職課程演習第15巻　初等生活科教育, 初等音楽科教育, 初等図画工作科教育, 初等家庭科教育, 初等体育科教育, 初等総合的な学習の時間』（共編著, 協同出版, 2021）

●『民主主義と教育の再創造』（共著, 勁草書房, 2020）

●『美術教育ハンドブック』（共著, 三元社, 2018）

● Living Histories: Global Conversations in Art Education.（共著, Intellect Publishing, 2022）

村田 透（むらた とおる）
滋賀大学・准教授
生年: 1975年

略歴: 上越教育大学大学院学校教育研究科修了, 修士（教育学）
学校法人ねむの木学園教諭, 社会福祉法人きぬがさ福祉会指導員, 富山福祉短期大学講師, 大阪大谷大学講師・准教授を経て滋賀大学准教授, および兵庫教育大学大学院連合学校教育学研究科准教授を兼職
研究テーマ: 造形表現や美術鑑賞の活動における子どもの学びに関する質的研究

[主要著作]

●「子どもの造形表現活動における課題探究について−小学生を対象とした『造形遊び』の題材より−」『美術教育学』第39号, 2018.

●『美術教育学概論(新訂版)』（分担執筆, 日本文教出版, 2018）

●「『造形遊び』における子どもの探究について−矛盾の構築と表現世界の形成過程との関係性−」『美術教育学』第41号, 2020.

●『ルーブリックで変わる美術鑑賞学習』（分担執筆, 三元社, 2020）

●「『造形遊び』における子どもの問題解決−子どもと大人との協働的な関係性に着目して−」『美術教育学研究』第54号, 2022.（共著）

笠原広一（かさはら こういち）
東京学芸大学・准教授
生年: 1973年
略歴: 九州大学大学院統合新領域学府博士後期課程ユーザー感性学専攻修了, 博士（感性学）
霊山こどもの村・遊びと学びのミュージアム, 京都造形芸術大学, 福岡教育大学を経て現職
研究テーマ: アート・ワークショップ研究, Arts-based ResearchおよびA/r/tographyによる実践研究

[主要著作]

●『子どものワークショップと体験理解—感性的視点からの実践研究のアプローチ』（単著, 九州大学出版会, 2017）

●「美術科教育の学習論と実践理論の拡張—学習論・ワークショップ・インクルージョンの関連動向から考える」『美術教育学叢書1　美術教育学の現在から』（分担執筆, 学術研究出版/BookWay, 2018）

●『アートがひらく保育と子ども理解—多様な子どもの姿と表現の共有を目指して』（編著, 東京学芸大学出版会, 2019）

●『アートグラフィー—芸術家/研究者/教育者として生きる探求の技法』（共編著, 学術研究出版

/BookWay, 2019)

●"What Arts-Based Research and A/r/tography Allow for Art Education in Teacher Training and Education in Japan," *Arts-Based Methods in Education Research in Japan.*（分担執筆, Brill, 2022）

大泉義一（おおいずみ よしいち）
早稲田大学・教授
生年: 1968年
略歴: 明星大学大学院教育学研究科博士前期課程修了 修士（教育学）, 博士（教育学） 東京学芸大学大学院教育学研究科
都内小中学校教諭, 北海道教育大学旭川校准教授, 横浜国立大学准教授を経て, 2019年より現職
研究テーマ: デザイン教育研究, 授業研究, 造形ワークショップ論
［主要著作］
●『子どものデザイン その原理と実践』（単著, 日本文教出版, 2017）
●『美術科教育における授業研究のすすめ方』（共著, 美術科教育学会叢書第0号, 2017）
●『美術教育ハンドブック』（共著, 三元社, 2018）
●「造形ワークショップの実践を通した子育て支援における『重層的な関係』の構築・II:そごう美術館「レオナルド・ダ・ヴィンチに挑戦!」の実践から」『美術教育学研究』第52号, 2020
●「図画工作・美術科の授業における教師の発話に関する実践研究・VIII:教師の発話分析を通した授業研究プログラムの構想」『美術教育学』第43号, 2021

銭 初熹（せん しょき）
華東師範大学美術学院・教授
生年: 1953年
略歴: 筑波大学大学院博士課程芸術学研究科修了, 博士（芸術学）
中国上海市少年宮教員, 華東師範大学教授を経て, 現職
研究テーマ: 美術教育思想, 美術学習指導要領とカリキュラム, 美術教育における国際比較, 美術館教育など
［主要著作］
●『美術教学理論与方法』（高等教育出版社, 2013）
●『中学美術課程与教学』（華東師範大学出版社, 2015）
●『与大数据時代同行的美術教育』（上海教育出版社, 2017）
●『国際芸術教育思潮』（上海教育出版社, 2021）

●『基于項目学習的美術教育』（上海教育出版社, 2021）

徐 英杰（じょ えいけつ）
華東師範大学美術学院・講師
生年: 1987年
略歴: 筑波大学大学院人間総合科学研究科博士後期課程芸術専攻修了, 博士（芸術学）
2018年より現職
研究テーマ: 美術教員養成教育, 日中における美術教育の比較, 題材開発と指導法
［主要著作］
●徐英杰「中華人民共和国における美術教員養成課程のカリキュラム—1980年代を中心に—」『美術教育学』第36号, 2015.
●徐英杰「中国の師範大学における美術教員養成の分析」『アートエデュケーション思考』（分担執筆, 学術研究出版, 2016）
●『中国100均の里・義烏と古都・洛陽を訪ねて』（共著, 学術研究出版, 2020）
●徐英杰「現代的な教育媒体としての剪紙についての考察—中国伝統文化の継承と現代化」『民具・民芸からデザインの未来まで—教育の視点から』（分担執筆, 学術研究出版, 2020）

リチャード・ヒックマン（Richard Hickman）
ケンブリッジ大学・名誉教授, ホマートンカレッジ・名誉フェロー
生年: 1951
略歴: レディング大学博士課程修了, PhD
中等学校, レディング大学, シンガポール国立教育研究所等で教えた後, ケンブリッジ大学教授等を経て, 現職
研究テーマ: 視覚・美的教育の2つの広い領域:「哲学的領域」—教育における芸術とデザインの性質と目的, 「心理学的領域」—特に美的発達
［主要著作］
●(Editor in chief) *The International Encyclopedia of Art & Design Education* (three volumes). (Wiley-Blackwel, 2019)
●*The Art & Craft of Pedagogy: Portraits of Effective Teachers.* (Bloomsbury, 2013)
●*Why We Make Art – and why it is taught.* (Intellect, 2010, revised 2nd edition)
●(Ed.) *Research in Art Education: issues and exemplars.* (Intellect, 2008)
●(Ed.) *Art Education 11-18: Meaning Purpose & Direction.* (Continuum, 2004, 2nd edition)

［著者］（担当章順）

直江俊雄

新関伸也

縣 拓充

若山育代

池田吏志

渡邉美香

大島賢一

竹内晋平

中村和世

村田 透

笠原広一

大泉 義一

銭 初熹

徐 英杰

リチャード・ヒックマン

［編者］

美術科教育学会　美術教育学叢書企画編集委員会
（役職は第11期, 2019-2021年度）

直江俊雄………委員長・責任編集

山木朝彦………代表理事

佐藤賢司………総務部担当副代表理事

宇田秀士………研究部担当副代表理事

大泉義一………事業部担当副代表理事

［編集協力］

新井哲夫

石﨑和宏

金子一夫

福本謹一

吉田奈穂子

［美術教育学叢書……❸］

美術教育学 私の研究技法

2022年12月12日　第1版第1刷発行

美術教育学叢書企画編集委員会編

責任編集……直江俊雄

発行者………美術科教育学会

発行所………学術研究出版
　　　　　　〒670-0933　兵庫県姫路市平野町62
　　　　　　［販売］Tel.079(280)2727　Fax.079(244)1482
　　　　　　［制作］Tel.079(222)5372
　　　　　　https://arpub.jp

装丁…………西岡 勉

©Bijutsukakyouiku Gakkai 2022, Printed in Japan

ISBN978-4-910733-82-1